大美国学·易经

季旭昇 总策划
文心工作室 编著

中央编译出版社
Central Compilation & Translation Press

京权图字 01-2023-0392 号

中文經典 100 句：易經
中文簡體字版ⓒ 2023 由中央編譯出版社發行
本書經城邦文化事業股份有限公司商周出版事業部授權，
同意經由中央編譯出版社，出版中文簡體字版本。
非經書面同意，不得以任何形式任意重製、轉載。

图书在版编目（CIP）数据

易经／文心工作室编著. —北京：中央编译出版社，2023.7
（大美国学）
ISBN 978-7-5117-4275-9

Ⅰ. ①易… Ⅱ. ①文… Ⅲ. ①《周易》-通俗读物 Ⅳ. ①B221-49

中国版本图书馆 CIP 数据核字（2022）第 176659 号

易经

责任编辑	苗永姝
责任印制	刘　慧
出版发行	中央编译出版社
地　　址	北京市海淀区北四环西路 69 号（100080）
电　　话	（010）55627391（总编室）　（010）55625179（编辑室） （010）55627320（发行部）　（010）55627377（新技术部）
经　　销	全国新华书店
印　　刷	佳兴达印刷（天津）有限公司
开　　本	880 毫米×1230 毫米　1/32
字　　数	212 千字
印　　张	10.25
插　　图	18
版　　次	2023 年 7 月第 1 版
印　　次	2023 年 7 月第 1 次印刷
定　　价	58.00 元

新浪微博：@中央编译出版社　　微　信：中央编译出版社（ID: cctphome）
淘宝店铺：中央编译出版社直销店（http://shop108367160.taobao.com）
（010）55627331

本社常年法律顾问：北京市吴栾赵阎律师事务所律师　闫军　梁勤
凡有印装质量问题，本社负责调换，电话：（010）55626985

欽定四庫全書

敕大學士傅以漸日講官曹本榮

朕覽易經一書義精而用博範圍天地萬物之理自魏王弼唐孔穎達有注與正義宋程頤有傳朱熹本義出學者宗之明永樂間命儒臣合元以前諸儒之說彙為大全皆於易理多所發明但其中同異互存不無繁而可刪華而寡要且迄今幾三百年儒生學士發揮經義者亦不乏人當並加採擇折衷諸論簡切洞達輯成一

編昭示來茲爾等彈心研究融會貫通析理精深敷辭
顯易務約而能該詳而不複使羲經奧旨炳若日星以
稱朕闡明四聖作述至意欽哉故勅

順治十三年十二月十五日

進易經通注表

光祿大夫少保兼太子太保武英殿大學士魚兵
部尚書加一級臣傅以漸
經筵日講官左春坊左庶子兼內翰林祕書院侍
讀加一級臣曹本榮恭承
勅諭纂修易經今已成書謹奉
表上
進者臣以漸等誠惶誠恐稽首頓首

上言伏以六經皆治世之書作述既垂於往哲一畫先
天之祕表章尤貴乎
熙朝唯其妙貫乎天人是用精探乎幽渺業資四聖實造
化之元關道歷羣儒殆源流之奧府聖人以之開
物成務學者以之致遠鉤深包羅天地之神奇囊
括陰陽之變態於吉凶悔吝之理洞若秋毫知進
退存亡之幾捷於桴鼓遠則六合之外近在一身
之中天道遠而無不可明人事紛而悉有可據顧

前人窮理盡性原昭昭揭日月而行奈後學觀象
玩占每恨同幽室之步苟非博采章句隱括義
疏會意吉於同原立片言以居要即枝葉而究其
根抵棄糟粕而尋彼玄珠何以使大義炳於日星
深著乎性命之理來學升其堂奧不疑為卜筮之
資然則讎校繆譌貫穿同異必有待於乘六御天
之主始足乘為函三得道之書則專欽乎
今日矣茲蓋伏遇

皇帝陛下

通德類情

顯仁藏用

中正觀天下皇哉

天子之龍飛

和平感人心允矣

大人之虎變

乙夜之觀萬卷奎壁宏開三苗之格

兩階海山效順煥大文於經天緯地知

帝王之絕異儒生彙眾理於諸子百家陋古后之專言圖讖凡屬先民正學悉垂

昭代鴻編況大易之全書尤六經之奧吉儒者研硃所

莫究枉飛露於華箋博士皓首以難窮還叢芸於

渠閣即考註疏於王孔未續微言幸邁傳義於程

朱妙窺真際猶恐百家爭咮或多榛蕪之譏兼之

俗說流傳不少丞魚之誤用是澳啟

宸斷俾之修輯成書撮要刪繁博選諸家之箋注要終
原始獨探至理之要歸固將沿流以遡源抑且得
一而貫萬雖書不盡言言不盡意參悟當在
文字之先而因經成傳因傳成文啟蒙不出詮
解之外誠一代尊經之表的更大道接續之微
機也臣等學愧真儒才慙都講管窺蠡測未
悉理數之兩家薪盡火傳寧識南北之二派
祗以恭承

勅命俯竭顓愚考訂不厭其再三舛訛或去其一二仰

睿鑒乃垂金石而不磨允協

資

昌期如覩龍馬之復出伏願

天行時健

盛德日新在上有教思容保之功在下有遷善改過

之實君子之道日長聖人之道常明大啓儒宗用繼

源於孔子丕蹟治化獲返醇悶於羲皇臣等無任瞻

天仰
聖激切屏營之至謹奉
表上
進以
聞
順治十五年冬十月　日臣以漸等謹上表

易經通注序

歲在丙申嘉平之望臣與日講官臣本榮恭承

勅命纂修易經合注說傳義之紛綸多端者採擇折衷務

令約而能該詳而不複簡切洞達輯成一編臣等

竊嘆

皇上聰明天縱固已探畫前之祕猶復教天下以學易之

法何惓惓無窮也臣知識舁淺安能副我

皇上闡明四聖作述之心顧自幼稟遵父師之訓專以易

睿覽臣例有序弁首夫易經者聖人持世之書非讖緯術數之書也通經者帝王取士之法非詩賦策論之法也以三古之卦爻流傳千載而愈見其新端天下之聰穎發揮奧渺而難窮其趣蓋天人共貫之學理數兼該之妙以爲易則百姓皆與其能以

經起家得窺中祕書者又十餘年所不辭固陋輒捃取漢魏唐宋元明諸家刻本涉獵商訂寒暑弗間幾二十閱月而採錄粗完仰塵

為難則士大夫反失其指其故皆由於各成一家而彼此不相通經莫先於談理乃不談有關治道之理而談奇遁吐納之理講說本義姑為舉業之資青紫方拾竟遊心於玄冥甚至登壇高講或偶拈章句雜以釋道或引證別卦或亂竄繫辭試清夜自揣果能一卦如一句否果能一部前後不相背戾否臣謂虛字實字俱當一一體勘數聖人精思妙用真一字增減不得始成其為天下第一書

則研理之難難在精確而廣大易不止為卜筮作
即卜筮可易言乎不齋戒洗藏則靈應不出不光
明正大則貞悔不確黃裳隨豪古人瞿然未敢當
也事吉則吉事凶則凶讀易而參之以二三之心
作事可知卜筮亦可知矣臣謂易經為人事設也
談理之精正以究事中之千態萬變即推天造不
隨空廓則措諸實事之難難在顯著而端方況乎
人情世故練則愈熟說書而不能達情是視聖賢

為太不可及也諸子百家皆得聖人之一偏誠能融會而統括之則道終於貫而人情世故無不了何必輕舍舊業而競好新聞故不必詳列其誰氏之說總期達乎經文而止能專其情乃謂合天下之情夫以一人著不如以天下著之為大也本義之未詳者參以諸家之辨論傳注之或漏者發以文章之華茂非後人之見解勝乎前人則日積月累之研窮者極耳故說書作文不遵功令即神

奇何益是又範俗之不可已矣且世之讀易者臣
惑焉此爻彼爻倐好倐醜輒為之強解曰稽實待
虛存體應用獨不思夫彖與爻重猶可言爻與象
重不可言與其重複繫之何益文言發乾坤之蘊
重而又重又何貴乎詞之費也臣謂大道無極性
靈日變方見以為如此而又非如此所可盡文周
不必襲伏羲之圓孔子何必執文周之解或因而
暢達其旨或轉而抑揚其機層疊發揮字字皆聖

人之心髓至於彖與爻異蓋全體分用理固不同履豫之五噬嗑之四豈不昭昭哉序卦自當從兩卦之關箇合縫處為之雜卦自當從反對錯綜處求之此則臣一得之愚也雖不敢謂有當於聖心研究融會貫通析理精深敷辭簡易之
勅諭而可以研理可以措事可以達情可以範俗可以免
掛漏重複者果有當於
睿慮之萬一更懇

欽賜嘉名垂之永久庶無負
專勅臣等之意臣等亦竊附名於不朽焉
光祿大夫少保兼太子太保武英殿大學士兼兵
部尚書加一級臣傅以漸謹序

目 录

易经简介　《易经》是一本什么样的智慧之书？　001

天行健，君子以自强不息　001

元亨利贞　003

潜龙勿用　006

君子终日乾乾，夕惕若厉，无咎　009

或跃在渊，无咎　012

飞龙在天，利见大人　015

亢龙有悔　018

大哉乾元，万物资始　021

天行健，君子以自强不息　024

学以聚之，问以辩之，宽以居之，仁以行之　027

君子以厚德载物　030

履霜，坚冰至　033

直、方、大，不习，无不利　036

括囊，无咎无誉　039

黄裳，元吉　042

龙战于野，其血玄黄 045

积善之家，必有余庆；积不善之家，必有余殃 048

匪我求童蒙，童蒙求我 051

磐桓，利居贞，利建侯 053

屯如，邅如，乘马班如 056

泣血涟如，何可长也 059

匪我求童蒙，童蒙求我 062

再三渎，渎则不告 065

君子以果行育德 068

童蒙之吉，顺以巽也 071

击蒙，不利为寇，利御寇 074

有孚，光亨，贞吉，利涉大川 077

君子以饮食宴乐 080

不速之客来，敬之终吉 083

利见大人，不利涉大川 086

君子以作事谋始 089

刚中而应，行险而顺 092

君子以容民畜众 095

师出以律，否臧凶 098

在师中吉，承天宠也 101

大君有命，开国承家，小人勿用 104

比之自内，不自失也 107

君子以懿文德　110

有孚挛如，富以其邻　113

履虎尾，不咥人　116

小往大来　121

君子道长，小人道消　124

拔茅茹，以其汇　127

包荒，用冯河　130

无平不陂，无往不复　133

帝乙归妹，以祉元吉　137

君子以俭德辟难，不可荣以禄　140

其亡其亡，系于苞桑　143

大过，大者过也；栋桡，本末弱也　147

君子以类族辨物　149

同人，先号咷而后笑　152

公用亨于天子，小人弗克　155

君子以裒多益寡，称物平施　158

豫，刚应而志行，顺以动，豫　161

介于石，不终日　164

君子以向晦入宴息　167

先甲三日，后甲三日　170

观国之光，利用宾于王　173

剥，不利有攸往　176

出入无疾，朋来无咎，反复其道，七日来复　179

迷复，凶，有灾眚，用行师，终有大败　182

天下雷行，物与无妄　185

无妄之灾，或系之牛，行人之得，邑人之灾　188

君子以多识前言往行，以畜其德　191

君子以慎言语，节饮食　194

大过，大者过也；栋桡，本末弱也　197

君子以独立不惧，遁世无闷　200

日月丽乎天，百谷草木丽乎土　203

日昃之离，不鼓缶而歌，则大耋之嗟　206

天地感而万物化生　209

天地感而万物化生，圣人感人心而天下和平　211

君子以虚受人　215

日月得天而能久照，四时变化而能久成　218

君子以立不易方　222

不恒其德，或承之羞　225

妇人贞吉，从一而终也　228

羝羊触藩，不能退，不能遂　231

锡马蕃庶，昼日三接　234

明夷于飞，垂其翼；君子于行，三日不食　237

父父、子子、兄兄、弟弟、夫夫、妇妇　240

君子以言有物，而行有恒　243

君子以反身修德　246

天地解而雷雨作，雷雨作而百果草木皆甲坼　249

君子以惩忿窒欲　252

三人行，则损一人；一人行，则得其友　255

有言不信，尚口乃穷也　258

君子以致命遂志　261

困于石，据于蒺藜，入于其宫，不见其妻　264

君子以劳民劝相　267

井渫不食，为我心恻　270

天地革而四时成，顺乎天而应乎人　273

君子以治历明时　276

大人虎变，君子豹变，小人革面　279

时止则止，时行则行，动静不失其时　282

君子以居贤德善俗　285

鸿渐于陆，其羽可用为仪　288

君子以永终知敝　291

女承筐，无实；士刲羊，无血　294

丰其屋，蔀其家，窥其户，阒其无人　297

豚鱼吉，信及豚鱼也　300

鸣鹤在阴，其子和之，我有好爵，吾与尔靡之　303

君子以行过乎恭，丧过乎哀，用过乎俭　306

东邻杀牛，不如西邻之禴祭　309

君子以慎辨物居方　312

易经简介

《易经》是一本什么样的智慧之书？

"易"的历史集体演出

相传远古时代的伏羲氏，常常在卦台山上观察日月星辰的变化、山林川泽的走势、飞禽走兽的习性，他将这些现象综合起来，演画出八卦，表现出人类对于自然天候、万事万物的理解。

伏羲氏所作的八卦还只是个符号系统，如同《汉书·律历志》上所说："自伏羲画八卦，由数起。"最初的八卦内容，其实是由"一、二、三、三二、五、六、七、八、九、十"所构成。古希腊哲学家毕达哥拉斯主张，在各种本源中，数目自然就是最原始、最初的，中西双方确实有共通的道理。

然而八卦毕竟是一个符号系统，虽然表达的是自然寰宇与人类社会的多重现象，但要人们仅仅透过几个符号，去掌握、理解世事的变化，还是困难的。后来八卦演绎成六十四卦，有几个说法。

　　王弼认为是伏羲氏自己演绎出来的，郑玄等人却认为是神农氏所作，孙盛则主张是大禹治水时所作，司马迁则认为是周文王姬昌所作。司马迁在《史记》中说："西伯拘而演《周易》。"纣王听信小人的逸言，愤而将西伯侯姬昌关到羑里，当时姬昌就带着八卦一起到这个国家监狱里，这一关便关了七年，关出了一本《周易》。姬昌将八卦推演出六十四个卦象，三百八十四个爻辞，往上承袭伏羲氏的智慧，往下启蒙了孔子作《十翼》。《史记·孔子世家》上记载，孔子晚年喜好研究《周易》，他与弟子们更深入挖掘《周易》的道理，成就了《十翼》。《十翼》的最大贡献是将《周易》从卜筮象数的层次，提升到了知识义理的层次。自孔子之后，历朝文人对《周易》所作出的各种诠释书籍，大体上来说是从三个面向，即义理、象数、史学。

"易"的意义

　　"易"何以为"易"？西汉末年的《周易乾凿度》说："易有三义：所谓变易、简易、不易也。"所谓"变易"，是指日月星辰、天候万物，甚至人的思想与情感，皆无时无刻都在"变化"；前述的天地人事物，虽然时时都在变化，但深究其因，任何复杂的现象背后，都还存在着最基本、最简单、可依循的原则，这就是"简易"；所谓"不易"，就是宇宙间恒常不变的现象，例如日出东方、日落西山，太阳西下后、月亮才会升起，天在上、地在下，等等。

古代的《易经》有三种版本，一是夏朝的《连山易》，连山氏指的是神农氏；二是商朝的《归藏易》，归藏氏指的是黄帝；三是周朝的《周易》，"周"是指西伯侯周文王所在之地，古称周原。根据《周礼》记载，这三本《易经》在当时是并存、同时使用的。这三个版本的差别在于，夏朝的《连山易》是以"艮卦"为第一卦，《归藏易》以"坤卦"为第一卦，《周易》是采"乾卦"为第一卦。《连山易》与《归藏易》皆已失传，我们现在阅读的就是《周易》，包含了"经"与"传"两部分。

关于《周易》的"经"

世人常以孔子所说"易有太极，是生两仪，两仪生四象，四象生八卦"来推演卦的构成。太极指天地最初的状态；两仪即一阴与一阳，四象就是一阴一阳的变化，即太阴、少阳、太阳、少阴；八卦则再由以阴（--）与阳（—）的代表符号三叠而形成八种卦形，即乾、坤、震、巽、坎、离、艮、兑，称之为八卦，象征着天、地、雷、风、水、火、山、泽等八种自然现象。

☰乾　☷坤　☳震　☴巽

☵坎　☲离　☶艮　☱兑

八种卦形再两两互相搭配，推演出六十四卦，即每一卦由六层组成，每一层称之为"爻"，即阴爻（--）与阳爻（—）相互搭配成六十四种组合，每一卦皆具备六爻。六爻也有分层次：初

爻、二爻象征着地的位置,三爻、四爻象征着人的位置,五爻、上爻象征着天的位置,这就是天、地、人,我们熟知的"三才";换句话说,有"三才"方能成为一卦,这就是一种不偏不倚的平衡。此外,卦的六爻自下而上,依次称初、二、三、四、五、上,阴爻以六称之(如初六),阳爻以九称之(如九二)。《周易》共计三百八十四个爻,每一卦、每一爻就代表一种状态,都是人们对现实世界的认识。

因此,《周易》最基本的内容就是"卦",含卦名、卦象、卦辞、爻辞,自乾至离共三十卦,称之为上经;自咸至未济共三十四卦,称之为下经。

䷀	䷁	䷂	䷃	䷄	䷅
乾	坤	屯	蒙	需	讼

䷆	䷇	䷈	䷉	䷊	䷋
师	比	小畜	履	泰	否

䷌	䷍	䷎	䷏	䷐	䷑
同人	大有	谦	豫	随	蛊

䷒	䷓	䷔	䷕	䷖	䷗
临	观	噬嗑	贲	剥	复

䷘	䷙	䷚	䷛	䷜	䷝
无妄	大畜	颐	大过	坎	离

咸 恒 遁 大壮 晋 明夷

家人 睽 蹇 解 损 益

夬 姤 萃 升 困 井

革 鼎 震 艮 渐 归妹

丰 旅 巽 兑 涣 节

中孚 小过 既济 未济

关于《周易》的"传"

　　《周易》的"传"就是《十翼》，相传为孔门所作，是透过各个角度来解释经义，使得经义更具哲学价值。《十翼》共有十篇、分为七种，即彖传、象传、文言、系辞传、说卦传、序卦传、杂卦传，兹分述如下：

　　一、彖传："彖"是判断的意思，彖传是定义卦名与卦辞的

文字。象传随上、下经而分为上、下篇,占了《十翼》中的两篇。

二、象传:象传有二,即大象传和小象传。大象传是引申出卦象的形象、象征,多半鼓励君子道德言行的正当,或奉行《易经》的标准,例如乾卦的大象传为:"天行健,君子以自强不息。"而小象传则是解释每卦的爻辞,例如乾卦的上九爻辞为:"亢龙有悔。"小象传则解释:"亢龙有悔,盈不可久也。"

三、文言传:文言传只有乾坤两卦才有,是对乾坤两卦的卦爻辞作更深一层阐释与发挥。

四、系辞传:上下传两篇,占了《十翼》的两篇,是阐说《周易》经文的专论,包括如何观物取象成为卦形、分析卦中的阴阳之理、解释八卦的卦象、卜筮的方法,以及如何阅读《周易》等,是后人了解《周易》的入门之学。

五、说卦传:是专论乾、坤、震、巽、坎、离、艮、兑等之所以成卦的原理、八卦的特性,以及八卦卦象的解释,特别是如何应对到人事。

六、序卦传:说明六十四卦的编排顺序,卦与卦之间依序相生、相承的意义。

七、杂卦传:将六十四卦分成三十二组、两两相对的形式,互相比较六十四卦的特性,言简意赅,却精辟透彻、深入卦旨。杂卦传很短,仅二百五十字。

《周易》的魅力

在秦朝之前，虽有孔门作《十翼》，但是《周易》的卜筮功能却远高于知识价值，因此秦始皇焚书坑儒时，《周易》便有幸逃过一劫，进而缔造另一学术风潮，自此不退历史舞台。每一个朝代对《周易》的研究，除了基本的章句解说，或从《十翼》的传例切入解释，或多或少都加入当代流行的思想风格。

汉代注入了阴阳术士之言，例如孟喜、京房；魏晋南北朝时代注入了老庄思想，将"象数"的《周易》推向"玄理"的《周易》，例如王弼；唐代虽然采行王弼"玄理"的《周易》，但却有追根究底的探讨、更加知识化，例如孔颖达的《易经正义》；宋朝人强调思考的独立性，从《周易》发展出太极图、先天八卦图、后天八卦图、河图、洛书等思潮，让"易"的风格为之丕变，但也有如朱熹坚持以儒家立场解读《周易》，并著有《周易本义》；尔后的元、明朝代，还有用禅学的角度看待《周易》。

《周易》让我们在面对自然、人事的变异、简易、不易当中，有机会去掌握那无限的可能。若套句佛书的开经偈，可以说："无上甚深微妙理，历朝历代皆遭遇，我今见闻得学习，愿解周易真实义。"这就是《周易》的魅力。

天行健，君子以自强不息

元亨利贞

名句的诞生

乾¹，元²、亨³、利⁴、贞⁵。

——乾卦·卦辞

完全读懂名句

1. 乾：卦名。其象为天，其义为健。2. 元：至大，初始，根本。3. 亨：通达无阻。4. 利：和谐有利。5. 贞：正，贞正坚固。

语译：乾卦，是具有初始、通达、和谐、贞正的四种德性。

名句的故事

乾卦是《易》六十四卦之首，乾表示"天"，卦体以天为象；第二卦坤卦，是以地为象。《序卦》说："有天地，然后万物生焉。"就是说明天地乃万物生长的根源，因而乾卦与坤卦是六十

四卦中最基础也富涵万事万物本源意义的卦。

唐代经学家孔颖达《周易正义》说:"此卦本以象天,天乃积诸阳气而成天。"这是说乾卦象征天,天是积聚天地间诸多阳刚之气而构形。此外,《序卦》说:"乾,健也。"健是刚健、强健之意,同时也表示乾卦中所指出的,天地的运行乃生生不息、刚健强盛。

卦辞的涵意与卦象息息相关。朱熹《周易本义》:"元,大也;亨,通也;利,宜也;贞,正也,正而固也。"天地间的运行法则是规律且循环的,"元"表示至大而最初的开始,"亨"是通达无阻,指乾卦象征的至刚之气使万物顺利生成,"利"是和谐,万物不但顺利生长,且各得其所和谐相处,"贞"是贞正坚固,万事万物在阳刚之气的护持之下能贞正坚固以得其终。

历久弥新说名句

乾卦可谓《易》的纲领,而"元、亨、利、贞"这个卦辞则是乾卦的纲领。孔子系《易》,作《彖》、《象》、《文言》,以"元亨利贞"为乾之四德,孔颖达继承孔子的说法,认为:"元亨利贞者,是乾之四德也。"朱熹《文公易说》也说:"圣人之所以学者,学此而已。把《乾卦》一卦看,如:'乾,元亨利贞。'人要做事,若占得乾卦,乾是纯阳;元者,大也;亨者,通也,其为事必大通。"

孔子认为乾卦象征天,卦辞中又说明了天地运行的刚健与生生不息的作用，这样努力不懈的精神，符合儒家起始、通达、和谐、贞正的君子求道过程，同时也是德性的展现。

在《易》中，"元亨利贞"除了作为乾卦的卦辞，在屯卦、豫卦、随卦、临卦、妄卦、革卦中均曾出现。《左传·襄公九年》记载穆姜曾卜筮一事，穆姜是鲁成公的母亲，但与宣伯私通，穆姜曾以废立之事威胁成公，后来事迹败露，宣伯奔齐，此时穆姜犹豫不决，于是占卜得随卦，史官认为"随，其出也。君必速出"，因而建议穆姜与宣伯一起离开，但穆姜却说："亡！是于《周易》曰：'随，元、亨、利、贞，咎。'……有四德者，随而咎。我皆无之，岂随也哉？我则取恶，能咎乎？必死于此，弗得出矣。"穆姜以为，有元亨利贞四德者，逃离才有正当理由，但自己私通宣伯、逼迫成王，是无德之人，没有资格逃跑。

元亨利贞在各个卦象中展现的意义虽不同，但以德释卦，却成为《易》中解卦的特征。

潜龙勿用

初九¹,潜龙²勿用。

——乾卦·初九

完全读懂名句

1. 初九：《易》中六十四卦的每一卦均由六爻组成，顺序自下而上为初、二、三、四、五、上。又《易》占筮之数以九代表阳，以六代表阴。本爻为乾卦最下一爻，且为阳，故称初九。
2. 潜龙：潜伏隐藏的龙。

语译：乾卦的初爻，象征阳刚之气的积聚，就好像潜伏的龙，暂且不要有太大作为。

名句的故事

《乾卦·初九》的爻辞，是以龙来说解，龙是一种极具灵性且象征纯阳的神秘动物，据说可以潜伏于深渊、行走于陆地、遨翔于天际，有句话说"神龙见首不见尾"，就是说明龙的来去无踪、变幻莫测。

初九为乾卦的第一爻，若配合天地运行之气来看，恰是阳气初发之时，爻辞说"潜龙勿用"，是为什么呢？孔子说："龙德而隐者也。不易乎世，不成乎名，遁世无闷，不见是而无闷。乐则行之，忧则违之，确乎其不可拔，潜龙也。"

龙就好比君子的德行，若世局正乱，君子才出现但未成气候，不如稍安勿躁，潜伏沉淀以静待时机。

孔颖达在《周易正义》中则举例说："若汉高祖生于暴秦之世，唯隐居为泗水亭长，是勿用也。"汉高祖刘邦出生于秦始皇之时，直至时机成熟才率众抗秦，后来推翻秦朝。

乾卦象征生生不息的刚健精神，但在第一爻中，却不是立即要求人不顾一切的勇往直前，而是劝诫有德性的君子，在时局尚未明朗之前，不妨学习隐现莫测的龙，暂时隐藏，静候适当时机再一展长才。

历久弥新说名句

龙在中国古代神话与故事中，是一个神秘而令人敬畏的对象，传说龙头生角、须，身长，有鳞、爪。东汉文字学家许慎《说文解字》曰："龙，鳞虫之长，能幽能明，能细能巨，能短能长，春分而登天，秋分而潜渊。"

另外，在先秦古籍《山海经》中记载古代君王与龙的关系，因而龙后来作为皇权的象征。由于中国人对龙感到特别亲切，后来衍生出不少与龙有关的成语与歇后语，如"乘龙快婿"、"海龙王打哈欠"——好大的口气。

乾卦第一爻的爻辞"潜龙勿用"，除了孔子的说解外，后来引申为"比喻贤才遭埋没，不受重用"，许多文人若遭到贬谪、诬陷，往往也会引龙的隐居蛰伏以安慰鼓励自己。

唐人刘禹锡在《陋室铭》一文中，开门见山就说："山不在高，有仙则名；水不在深，有龙则灵。"借由短短十六个字，道出自己静候时机一展抱负的雄心。

君子终日乾乾，夕惕若厉，无咎

名句的诞生

九三，君子终日乾乾[1]，夕惕[2]若[3]厉[4]，无咎。

——乾卦·九三

完全读懂名句

1. 乾乾：即健健，指健行不停止。2. 惕：戒慎恐惧。3. 若：有如、好像。4. 厉：危险。

语译：乾卦的第三爻，是在劝诫君子必须整天勤奋不懈，即使夜晚也要谨慎戒备，就好像随时身处危险一般，这样才能避免灾祸。

名句的故事

《易·说卦》云："乾，健也。"表示乾卦以"乾"为名，有

健行之义。此句"终日乾乾",以卦名的重叠强调君子必须时刻保持健行不已的动力,不能苟且偷安。孔颖达《周易正义》说:"在忧危之地,故'终日乾乾',言每恒终竟此日,健健自强,勉力不有止息。"也指出君子此时要健健自强不息的用意。

"君子终日乾乾,夕惕若厉,无咎"是《乾卦·九三》的爻辞。若将六爻卦的内三爻视为内卦(又称下卦),外三爻视为外卦(又称上卦),那么九三爻是内卦的最上位,虽然以阳爻居阳位,名正言顺,但是因为适逢内卦与外卦交替之际,因此变化的潜在因素增加,所以《易》的作者,体会此爻位的特性,因而警惕的君子,居于变动的时位,要更加的小心谨慎。

要特别说明的是,"夕惕若厉无咎"一句,有多种标读,第一种是孔颖达《周易正义》所句读的"夕惕若厉,无咎",孔颖达将"夕惕"、"若厉"二词合在一起解释;第二种是朱熹《周易本义》所标"夕惕若,厉无咎","若"在此做"貌"解,意指"就算夜晚也要戒慎恐惧的样子",后来有许多版本均依从朱熹标读;第三种是清代李道平《周易集解纂疏》:"夕惕若,厉,无咎。"同样将"若"作"貌"解。本文采取孔颖达的说法,因而标读"夕惕若厉,无咎"。

历久弥新说名句

在乾卦第三爻中,提醒君子必须时时刻刻勤奋不懈,即使在夜晚仍要戒慎,与孟子所言"生于忧患、死于安乐"之说不谋而合，而这样的概念，反映在历代君王、臣民对于"忧患意识"的讨论。

《左传·襄公十一年》记载一段故事，大意是说：春秋时代的晋、宋、齐等国联合攻打郑国，郑国于是送上大批礼物，向当时实力最坚强的晋国求和，晋悼公接受后，想把礼物分给功臣魏绛，然而魏绛拒绝了，并引用《尚书·周书》的"居宠思危"的观念劝告悼公："《书》曰：'居安思危。'思则有备，有备无患。"强调即使在安稳、和平的时期，也应该要对危难有所警觉与防备。

宋代理学家程颢在探讨修身处世的原则时，也会引用《易》来阐明，他说："终日乾乾，大小大事（无论多少大事），却只是忠信所以进德，为实下手处。修辞立其诚，为实修业处。"程颢在此主要是讲"诚"，但是在工夫实践处，仍要"终日乾乾"，才能进业修德。

或跃在渊,无咎

名句的诞生

九四,或¹跃²在渊,无咎。

——乾卦·九四

完全读懂名句

1. 或:表示不确定的意思。2. 跃:跃跃欲试。

语译:乾卦的第四爻,就像在深渊中潜伏已久的龙一样,已经在活动且跃跃欲试,只要时机一到,即可一飞冲天。

名句的故事

《乾卦·九四》是"或跃在渊,无咎",第四爻虽然已经进入上卦,但仍是上卦最下,所以处于进退维谷的阶段。"跃"是尚未腾空而起,但却是蓄势待发,只是时机仍未成熟,若能掌握最有利的时机一跃而上，必能有所成就而不会有过失。

孔子针对《乾卦·九四》解释说："上下无常，非为邪也；进退无恒，非离群也。君子进德修业，欲及时也，故无咎。"意思就是说，此爻处于中间位置，无论进退上下皆要十分谨慎。

《史记·周本纪》记载，周武王与八百诸侯会盟于孟津，诸侯们都说："纣可伐矣。"武王却说："女未知天命，未可也。"于是还师。

武王对于伐纣一事相当谨慎，不是得到诸侯拥戴便急进，而是一而再，再而三的观察，直至时机成熟才出兵，一举歼灭商纣王。其间静候时机的表现，可说符合"或跃在渊"的精神。

历久弥新说名句

有关"或跃在渊"的意义，在孔颖达《周易正义》书中，曾举春秋宋襄公与楚人作战一事作为反例，借以说明"或跃在渊"虽要静待良机，但也不可墨守成规。

公元前638年宋襄公与楚成王在泓水打仗时，楚军正渡河但尚未到达岸边，子鱼告诉宋襄公，对方还没有抵达，可以趁机攻打敌人，宋襄公却不肯。等到楚军纷纷上岸，子鱼又一次提醒宋襄公，趁对方还没有集合整装完毕，赶紧进攻，但宋襄公却坚持要等楚军整装完成。等到楚军准备就定，双方始开战，结果宋军大败，因此宋国人民对宋襄公的决策与行为颇有怨言。

这场战役也记录在《左传·僖公二十二年》，史称"泓水之

战"。其中子鱼对宋襄公的劝诫，被后人收录在《古文观止》，篇名取为《子鱼论战》。

对宋襄公而言，他认为"君子不困人于阸，不鼓不成列"，觉得不能趁人之危，这样的仁心是符合儒家仁爱的精神，但是子鱼则不以为然，他说："兵以胜为功，何常言与！必如公言，即奴事之耳，又何战为？"所以，孔颖达特意引这则故事，借以阐明"或跃在渊"虽是跃跃欲试，但仍要注意静中求动的契机是否恰当。

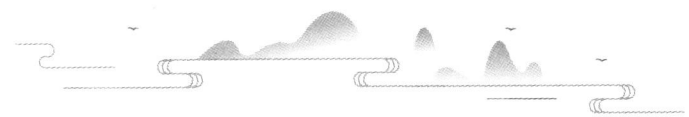

飞龙在天，利见大人

名句的诞生

九五，飞龙在天，利见大人[1]。

——乾卦·九五

完全读懂名句

1. 大人：有德居上位者。

语译：乾卦的第五爻，由于阳刚之气已经发展到最充沛完备，就如同一飞冲天的蛟龙，利于有德而位居上位的人物崭露头角。

名句的故事

九五是在上卦的中间位置，显示出吉祥的表征，《乾卦·九五》爻辞为："飞龙在天，利见大人。"龙经过潜沉、酝积，在适

当的时机终于一跃而起、一飞冲天,能够俯视万物,定于一尊。

孔子解释这一爻时说:"同声相应,同气相求;水流湿,火就燥,云从龙,风从虎。圣人作而万物睹。本乎天者亲上,本乎地者亲下,则各从其类也。"孔子认为,事情的发展已经是水到渠成了,万事万物只需遵循自己原本的自性各行其是即可。可见这是一个相当完好的卦象。

"利见大人"一语在乾卦第二爻"九二,见龙在田,利见大人"同样出现过,但是"九二"与"九五"的位置不同,所指称的地位就不一样了。

"二"是下卦之中,此时"大人"是尚未拥有实权但却是有才德之人,所以爻辞是"见龙在田,利见大人"。但"九五"却是最吉、最尊之位,不但有能力,还有地位,可以造福大众。因此,乾卦的第五爻,可以说是登峰造极的一个象征。

历久弥新说名句

在《易》中"九"是阳数的最高位,"五"又位居正中,而有"至尊中正"的涵意,因此古代将"九五之尊"作为帝王权力的象征。

"九五之尊"同时也反映在古代的建筑美学上,例如著名宫殿紫禁城天安门的城楼有五个门洞,午门、乾清宫等主要门阙,均设计为面阔五间、进深五间,九龙壁上将九龙分置五个空间,不同方位分别契合"九五"之数。

《朱子语类》为南宋朱熹与其门人的对答集录,其中记载:"太祖一日问王昭素曰:'"九五,飞龙在天,利见大人",常人何可占得此卦?'昭素曰:'何害?若臣等占得,则陛下是"飞龙在天",臣等"利见大人",是利见陛下也。'此说得最好。"

　　这段是说,宋太祖问王昭素,若说九五是代表君王,为何一般人也会卜得此卦?王昭素解释,倘若以臣子的角度占卜得到该卦,帝王固然是"飞龙在天",而臣子因为能遇到明君,而有"利见大人"的荣耀。此话当然是逢迎之词,但朱熹则认为王昭素此言甚是,因为《易》中委婉含蓄、不言而喻的意义,是需要因时制宜的。

名句的诞生

上九,亢¹龙有悔²。

——乾卦·上九

完全读懂名句

1. 亢:极度。2. 悔:后悔、悔恨。《周易集解》引王肃之言曰:"知进忘退,故悔也。"

语译:乾卦的上爻,指高飞到极处的龙如果一味亢进不知适可而止必将遭逢悔恨的事。

名句的故事

乾卦的变化中,从初九到上九,层层演进,上九为最高的一爻,此位已到达极点,如同一条高升的龙,腾云驾雾来到了顶点,若是无法瞻前顾后,接下来将导致郁郁不得志的遗憾。孔子在《易·文言》中解释:"贵而无位,高而无民,贤人在下位而无辅,是以动而有悔也。"在上位者,尽管权倾一时,若没有贤者辅佐、没有百姓支持,仍旧无法成大器。《易·文言》还说:"亢之为言也,知进而不知退,知存而不知亡,知得而不知丧。"上九是最极致,但危险处处,若只知进不知退,就如月盈即亏,难免有所失败。

宋代义理学的代表人物之一郭雍说:"龙德莫善于悌,而莫不善于亢。"认为最好的德行就是尽孝守悌,过于亢进则不佳,便说明物极必反的道理。朱熹也认为:"若占得此爻,必须以亢满为戒。当极盛之时,便需虑其亢。如这般处,最是。《易》之大戒,大抵于盛满时致戒。"朱熹明白阐述道:当一个人处于颠峰,务必谨慎,毕竟高处不胜寒,不该得意忘形,免得乐极生悲。

在"亢龙有悔"一句中,《子夏易传》解"亢"作"极",不过也有人持另一种看法,认为"亢"同"沆",指"大泽";"亢龙"是"池泽中之龙"。

历久弥新说名句

清代纪昀在著作《阅微草堂笔记》中记载一则故事,与"物极必反"之理有关联。故事描述交河一乡民遭人诬陷,审理的官吏贪恋乡人妻子的美色,告诉乡人若想无罪开释,必须让妻子前来，官吏会告诉她如何帮助乡人脱身。几天后的夜晚，果然有一自称是乡人妻子的美貌女子到官吏家，官吏大为倾倒，女子停留数日离去。之后官吏立刻协助洗刷乡民冤情。一日两人在路上偶遇，乡民待官吏极为冷淡，官吏以为自己狎弄乡人妻子，乡人不悦，并不以为意。后来，有一官府审理狎妓赌博案件，地方官判定将妓女押解回原籍，官吏上前行刑，却发现该名女子是当初与自己缠绵数日的"乡人妻"，不禁一头雾水。女子招供表示，当初官吏提出要求，乡人妻不肯就范，恰好女子新到当地，于是乡人妻将积蓄首饰全给了女子，请她代为陪宿。真相大白后，纪昀在文后写道："盖愚者恒为智者败，而物极必反，亦往往于所备之外，有智出其上者，突起而胜之。"自以为聪明者，最后却是聪明反被聪明误。

与"物极必反"义近的有"乐极生悲"一词。《淮南子·道应训》写道："夫物盛而衰，乐极生悲。"《史记·滑稽列传》记载春秋时期的齐威王好饮酒，有一次楚国进攻齐国，齐威王派淳于髡至赵国求救，淳于髡不负所托，赵国派出大军，吓退楚军。齐威王大乐，设宴摆酒犒赏淳于髡，淳于髡便趁机提出劝谏："酒极则乱，乐极则悲；万事尽然，言不可极，极之而衰。"齐威王当下也接受建议，停止酒席。

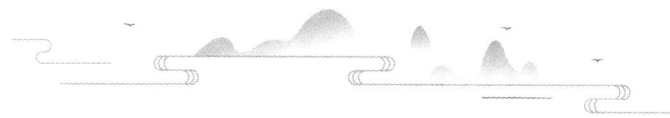

大哉乾元，万物资始

> 名句的诞生

象[1]曰：大哉乾元，万物资[2]始，乃统天。云行雨施，品物[3]流形。大明[4]终始，六位时成，时乘六龙以御天。乾道变化，各正性命，保合大和，乃利贞。首出庶物，万国咸宁。

——乾卦·象

完全读懂名句

1. 象：又称《象传》，相传为孔子所作，但今人多有质疑。在《易》中，《象》是统一解释该卦之义的说解之辞。2. 资：凭借。3. 品物：类别。4. 大明：太阳。

语译：象传说：伟大啊！乾卦是万物的本源，它统合着天。大自然中云升雨降，天地中事物的流变与形塑，太阳的日出日落，六爻的顺序组成，就有如六条龙或潜、或见、或惕、或跃、或飞、或亢，驾驭天地运行。随着乾卦变化显示，万物各有秉性

与特质,在和谐与自然的情况下,获得利贞的结果。从平凡的事物开始创造,最后得到天下太平的愿景。

名句的故事

《彖传》用来阐释一卦之义。乾卦象征天,有"元亨利贞"四德,《乾卦·彖》以乾卦的四德来解释该卦的义理。

"大哉乾元,万物资始,乃统天"在解释"元",元是"乾"德之首,有大与始之意,乾卦指称的"天",是万事万物根本,天开始运行,产生世间种种,是相当伟大的。

"云行雨施,品物流形"说明"亨",亨是畅通无阻,天地运行与阳气流行若恰当配合,则云气、雨泽、品类就各得亨通,无所壅塞。

孔颖达《周易正义》以"保合大和,乃利贞"二句解"利贞",指乾卦为纯阳,过于刚猛需要保和利贞,以免过于躁进。"元亨利贞"就是指天的生生不息,元亨是天的生成与运行,利贞则是天的和谐与完成,在此循环过程中,人应配合天命,使天下达到安宁。

历久弥新说名句

《乾卦·彖》以乾卦的元德来说明万物的始生,富含哲学思维的启示。中国学术的发展,到了宋明时期,特别留意于探讨天地万物生存的规律法则,用他们的话来说,就是万事万物各有其理存在,"理"是现象的根本,对理有了通透的明了,才不会被现象所诱惑。以人来说,人的本性即人存在的理,因此北宋周敦颐就以《乾卦·彖》来讨论人的本性,他说:"诚者,圣人之本。'大哉乾元,万物资始',诚之源也。'乾道变化,各正性命',诚斯立焉。纯粹至善者也。故曰:'一阴一阳之谓道,继之者善也,成之者性也。'元亨,诚之通;利贞,诚之复。大哉《易》也,性命之源乎!"周敦颐认为人的存在立基于诚的实行,他把"诚"看作是存在的"理",是生命最原始的根源,所以他说诚的认识及实行是圣人之为圣的基础,如同乾元之德为万物资始的动力。诚的涵养能做得到,就可达到至善的理想,就好像万物产生之后,随着乾道的变化,都能各循其理得到发展一样。天地之生成变化,虽有阴阳相磨相荡而成,但其发展须借由万物生存之"理"符合于天地变化而成,以人来说,则是符合于"诚"的要求而发展,然后能行善而达到至善。

周敦颐的思考,是在探求事物深层的道理,他从《易》的生生变化之理得到启发,因此能融会《乾卦·彖》之义而阐释其思考观点。

天行健，君子以自强不息

名句的诞生

象¹曰：天行²健³，君子以自强⁴不息。

——乾卦·象

完全读懂名句

1. 象：《易》中的《象传》在解释卦象、爻象的文字。又称《象传》，有《大象传》和《小象传》的区别。《大象》每卦一则，解释整个卦象的意义。《小象》每卦六则，分别解释六爻的爻象。2. 行：运行不止。3. 健：刚健。4. 自强：自己奋发图强。

语译：象传说：上天的运转不停歇，君子也应该效法天道，自我奋发永不止息。

名句的故事

上古的人观察日升月落，领悟到天地运转不息而有四时的变化，形成了年岁的变迁，人生活于天地间，也应该效法天道的精神，自立自强。朱熹说："天之运转不穷，所以为天行健"，一语道出"天行健"的意义。而乾卦的内卦与外卦均是"☰"，重叠成天，象征天体运行日复一日毫无间断，两个"☰"则是凸显出天道的生生不息。

北宋大学士苏轼对《易》有一番见解，并著有《东坡易传》，朱熹便曾赞美东坡解易解得独特又深契易旨。关于"天行健，君子以自强不息"，苏东坡解释说："夫天，岂以'刚'故能'健'哉！以'不息'故'健'也。流水不腐，用器不蠹，故君子庄敬曰强，安肆曰偷。强则日长，偷则日消。"苏轼对于"刚健"与"不息"的说明，同样从天道循环、生生的层面出发，而苏轼将天道运行的法则，落实在人事生活中，提及"流水不腐，用器不蠹"，活水不会腐臭恶败，常用的器皿不会生虫，君子也应该时时提醒自己一再精进，不要让自己成为腐朽而不知思考的人。因为光靠"刚"还是不够的，仍必须"不息"，要发挥"庄敬自强"的精神，不可因"安肆"而有怠惰，才能真正达到"健"的境界。

乾卦"天行健，君子以自强不息"一句，其实与坤卦"地势坤，君子以厚德载物"一句互为表里，乾卦讲天道运行，坤卦重视万物生成，而人在天地其中，必得承天载物，除了善养浩然之气，也要涵括种种物象。《易》从天地运行之理，启发君子需要培养自我品德、关注万物变化，呈现出天人之间微妙的相应与契合之理。

历久弥新说名句

"天行健,君子以自强不息"所显示的进步、奋发精神,是儒家思想中精进德性的基本要求,《大学》中也有一句耳熟能详的话:"苟日新,日日新,又日新。"此句原本铭刻在器皿之上,是商汤用以谨戒自己的话,意思就是要每天反省自我,让自己的品德可以更充实、更臻完美。

《晋书·祖逖传》记载祖逖为谋北伐之事,募集军队、铸造兵器,而祖逖年少时闻鸡起舞,同样为世人称颂,充分显现出努力积极、自强不息的精神。

谢灵运在《邻里相送至方山》中有云:"各勉日新志,音尘慰寂蔑。"谢灵运是南朝宋著名的山水诗人,他在诗作中以"日新"与友相勉励。

"自强不息"与"日新又新"最初虽都是从天文中的自然现象观察而来,但其中的激励与积极层面,成为鼓舞人心发愤图强、砥砺志向的座右铭。

名句的诞生

君子学以聚[1]之,问以辩[2]之,宽以居之,仁以行之。易曰:见龙在田,利见大人,君德也。

——乾卦·文言

完全读懂名句

1. 聚:累积。2. 辩:通"辨"。

语译:君子努力学习以累积知识,仔细发问以辨别疑惑,宽厚待人并与人和乐相处,用仁德的态度处事。《易》中说:"见龙在田,利见大人。"就是指君子的德行。

名句的故事

本段文字出自《易·文言》。《易》中仅有乾、坤二卦有

《文言》,用来解释这两卦的义理。

乾卦第二爻的爻辞为"见龙在田,利见大人","见"为"现"义,潜浮的龙在田野中出现,时机对有德之人相当有利,是一个充满机会与希望的象征。

《易·文言》中的叙述,除了对卦辞、爻辞有所诠释,最重要的特征就是会以君子的德行加以比拟。有人问为何《乾卦·九二》一爻是有利的呢?孔子说:"龙德而正中者也。庸言之信,庸行之谨,闲邪存其诚,善世而不伐,德博而化。"孔子认为,君子平时言而有信,举措谨慎,避开邪佞以诚相待,有所作为却能无伐善无施劳,博施济众,品德端正,所以近悦远来,对自己的发展很有益处。

"君子学以聚之,问以辩之,宽以居之,仁以行之",同样也是在说明君子的品行与行为,这是儒家的理想人格,也是修己治人的原则。

历久弥新说名句

乾卦的每一爻,都是层层推进,有着先后顺序,第一爻"潜龙勿用",提醒人务必谨慎,不要强出头,到了第二爻"见龙在田",龙已经稍露光芒,从深渊到平畴,可说是生机勃勃。孔子重视君子的品德操守,因而在在强调言行举止须符合德性,从行为内在说明君子的规范。

朱熹进一步说明"见龙在田,利见大人"的意义,见《朱子语类》中的记录:"卜得'见龙在田',便教人可以出来做事。如说'利见大人',一个是五在上之人,一个是二在下之人,看是甚么人卜得。天子自有天子'利见大人'处,大臣自有大臣'利见大人'处,群臣自有群臣'利见大人'处,士庶人自有士庶人'利见大人'处。"

《乾卦·九二》与《乾卦·九五》均有"利见大人"语,朱熹由此发挥,认为不同的身份虽有不同的秉性、天命,但是若同样占得"利见大人"都是有利的,不过必须谨守自己的本分,努力修持,才能产生最大的效益。

君子以厚德载物

名句的诞生

象曰：地势坤。君子以厚德载物[1]。

——坤卦·象

完全读懂名句

1. 厚德载物：深厚德行以承载万物。

语译：象传说：大地的形势顺应和谐，君子因而厚植自己的德行来承载万物。

名句的故事

坤卦的象征代表意义有"阴"、"地"、"母"、"柔"等。地，是万物的载体，万物仰赖大地才得以生成茁壮。《坤卦·象》在此表达的是：君子会效法大地广纳万物的胸怀，以仁慈的美德来化育万物，也正因拥有巨大的承受力，所以能担当重责大任，其角色如同家庭中的母亲，性情柔顺而有韧性，又无比坚强。

《尚书·君陈》为西周时期，周公去世之后，周成王命令一名叫君陈的臣子代替周公监管成周（今河南洛阳）时所发表的一篇策书，其中写道："必有忍，其乃有济；有容，德乃大。"意指必须具备忍耐的精神，事情才会成功；有宽容的度量，德行才会广大。此即成语"有容乃大"的典故由来。周成王对臣子君陈的这番谆谆告诫，正可与《坤卦·象》之"厚德载物"相互呼应，也就是说，人的气度宽宏，遇事勇于承担，有过人的能耐，其德行自然深厚高尚。

西晋文人潘岳，字安仁，以容貌俊美而闻名遐迩，人又称其"潘安"。他在《西征赋》中提到："乾坤以有亲可久，君子以厚德载物。"天地之间的道理，由于亲爱团结而可以维持长久，君子以厚德待人，如同大地能够持载万物。潘岳借《易》之乾坤两卦彼此相生相成、不可互缺之理，说明君子的宽厚仁德与大地无私的精神一致。潘岳从晋都洛阳来到汉朝的首都长安，不禁回想起过去汉高祖刘邦施行的各项仁政；其认为刘邦一统天下，不只是依靠聪明才智而已，而是刘邦的德泽广布，故能赢得全国百姓的心。

历久弥新说名句

清代学者陈梦雷奉清圣祖康熙敕令编纂《古今图书集成》，

全书共一万卷，为中国最大的类书。他在另一著作《周易浅述》阐释《坤卦·象》云："地势之顺，以地德之厚也。厚，故万物皆载焉。君子以之法地德之厚，而民物皆在所载矣。"大地的形势顺承天体，具有广厚之德，所以能够无所不载；君子取法大地的广博内涵，并将其运用在待人接物上，必然能包容万物且化育人心。

谷歌（Google）公司前全球副总裁李开复在《做最好的自己》里写道："从本质上说，人的涵养是一种强大的心灵力量，是另一种形式的智慧。《周易》有语云：'天行健，君子以自强不息；地势坤，君子以厚德载物。'这里的'厚德载物'谈的就是涵养和胸怀对于成功的重要性。每个渴望成功的人都应当修炼自己的德操，开阔自己的心胸，以容载万物。"

谷歌公司堪称是目前影响全世界最大的网际网路搜寻引擎，李开复在其专业领域的成就亦是众人有目共睹。他出生于台北，中学便远赴美国读书直至博士毕业，然而自家老祖宗的经典智慧，仍与其一路相随，不断提醒他除了知识的追求之外，人心内在的深度与广度更是不容忽视的。

履霜,坚冰至

名句的诞生

初六,履霜¹,坚冰至。

象曰:履霜坚冰,阴始凝也。驯²致其道,至坚冰也。

——坤卦·初六

完全读懂名句

1. 履霜:脚踩在霜上。2. 驯:逐渐、渐进。

语译:坤卦的初爻象征阴气的始微将盛,如同脚踩踏在霜的上面,就知道坚冰即将到来。

象传说:脚下有霜,坚冰将要到来,这是因为霜是阴气开始凝结的现象。顺着这样的时序发展下去,地面就会出现寒冬才有的坚冰。

名句的故事

《坤卦·初六》爻辞所言"履霜,坚冰至"是先人取象气候由霜降转为天寒地冻的自然变化,借以比喻从事物的苗头或细微征兆,便可察觉将来发展的结果;正因一开始已预知日后情势,心里有所警戒,所以能提早做好防备。

东汉名士蔡邕,其在《释诲》中写道:"是以君子推微达著,寻端见绪,履霜知冰,践露知暑。"意指君子由事情的微小迹象推论,即可看出其真实情况或未来的发展趋势,循着线索就可以找到头绪,脚下踏霜,知道大地将要结冰,触及露水,知道暑气就快要来临。东汉桓帝时期,朝政由徐璜、左悺(惯)等几个宦官把持,由于蔡邕善于辞章,精通音律,便被征召入宫,专责弹琴,服侍桓帝作乐解闷;蔡邕不甘受此侮辱,在前往京都的途中故意称病,返家后便着手书写《释诲》,以惕厉自己谨言慎行。

史书《新唐书》为宋代文学家欧阳修、宋祁等人共同编撰,其中《高宗本纪·赞》云:"高宗溺爱衽(认,通"衽")席,不戒履霜之渐,而毒流天下,贻祸邦家。"作者直陈唐高宗李治耽溺于女色,未记取《易》明训,任由脚下之霜逐渐扩大结冰,导致毒害蔓延天下,遗留给国家无穷的祸患。这段史实在讲唐高宗因宠爱武则天,放任其专权用事,下场便是把李家的社稷江山拱手让给了武后。

历久弥新说名句

孔颖达在《周易正义》注解《坤卦·初六》，其言："初六，阴气之微，似若初寒之始，但履践其霜，微而积渐，故坚冰乃至。"意指《坤卦·初六》爻辞本于阴气卑弱时，似气候初寒的开始，然只要一踩踏到霜，便表示降霜将逐渐积累，直到形成坚实冰层。

孔颖达其后注解《坤卦·初六·象》之"驯致其道，至坚冰也"云："阴阳之气无为，故积驯履霜必至于坚冰，以明人事有为，不可不制其节度，故于履霜而逆，以坚冰为戒，所以防渐虑微，慎终于始也。"阴阳之气乃顺应时序自然变迁，并非人为干预而发生的，由于积霜必定会逐步衍生成坚冰，由此表明人事是可以因人力介入而有所作为，凡事不可不知所节制，一履踏到霜就要逆转形势，以坚冰作为鉴戒，因此在事情刚发生时有所防范，微小的问题也会深思熟虑，想要在结束时慎重，就必须于开始时小心谨慎。

孔颖达认为前人借"履霜坚冰"自然可循的规律现象，说明人事的发展也是同样的道理；但不同的是，大自然的时序变迁是无为的，而人却是可以有所作为，只要能够见微知著，便可趋吉避凶，防止灾祸的发生。

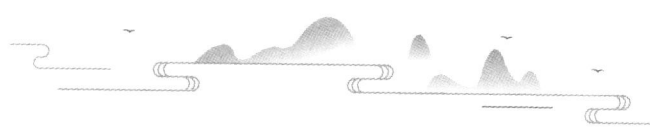

直、方、大，不习，无不利

名句的诞生

六二，直¹、方²、大，不习³，无不利。

象曰：六二之动，直以方也；不习，无不利，地道光也。

——坤卦·六二

完全读懂名句

1. 直：正直。或指直接、原始的状态。2. 方：方正。或指遍及四方。3. 习：修习。或指后天的环境教育；积久养成的惯性行为。

语译：坤卦的第二爻表示，正直、方正、广大，不需要修习，没有什么不利。

象传说：六二这一爻的变动，端直而方正；不需要修习却没有什么不利，是因为大地的道理光显盛大。

名句的故事

《易·说卦》云："坤也者，地也，万物皆致养焉。"坤卦的基本卦象为地，而万物全都得依赖大地的养育。《坤卦·六二》爻辞以"直、方、大"三字，点出大地的特征为正直、方正、广大。《老子·第二十五章》："人法地，地法天，天法道，道法自然。"人所取法的是地，地所取法的是天，天所取法的是道，道所取法的是自然。道家始祖老子在此明言人所效法的对象便是大地。另见《老子·第五十八章》："是以圣人方而不割，廉而不刿，直而不肆，光而不耀。"圣人方正而没有勉强，锐利而不伤人，直率而不放肆，光亮而不耀眼。老子既言人取法的对象是大地，而大地博大无私的本质如"方"、"直"、"光"就是圣人依循的准则。

《论语·阳货》孔子言道："性相近也，习相远也。"人刚初生时，所禀受的纯洁本性相近，但后天的教化与积习，使人离天生本性越来越远。由此解读《坤卦·六二》爻辞之"不习，无不利"，则意谓人不要加上后天养成的习性，以最本然、原始的天性来处世，便可无往不利，与大地光明、广大的本质一致。

历久弥新说名句

三国魏人王弼为《易》撰写注解，他不重视象数卜筮之道，

而是强调微言大义；到了宋代，学者将历来重要经典以及解经之作辑录成《十三经注疏》，其中《易》便是采用王弼所作的注。王弼对《坤卦·六二》的注为："居中得正极于地质，任其自然而物自生，不假修营而功自成，故不习焉而无不利。"六二位居下卦的中位，大地形质的极尽之美皆在此爻之中，任由万物依其条件而自然生长，不必刻意修习、谋求便能各自运作完成，这就是所谓不用修习而没有不利的缘故。

南宋理学家朱熹在《周易本义》针对"直、方、大"如此诠释："柔顺正固，坤之直也。赋形有定，坤之方也。德合无疆，坤之大也。"意指《坤卦·六二》温柔和顺，坚守正道，表现坤道的正直不偏。使万物各得其宜，按照一定的形体生长，表现坤道的遍及四方。回应万物无穷尽的需求，表现坤道的广博远大。

现代学者牟宗三在《周易哲学演讲录》中说道："'不习'就是完全是 original，从最根本的地方讲简易之道，简易才能'直、方、大'，不简不易，弯弯曲曲，出小花样，做小手脚，这种人没有什么意思……"英文"original"的中文词义是最初的、原始的。其认为《易》的根本精神就是简单容易，不需拐弯抹角或是添油加醋，只要顺应大自然的法则行事，便可达到"直、方、大"的境界。

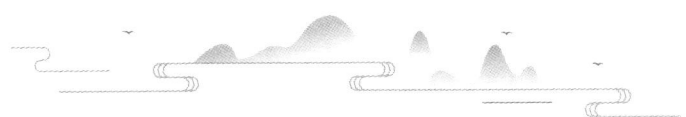

括囊,无咎无誉

名句的诞生

六四,括囊[1],无咎无誉。
象曰:括囊咎,慎不害也。

——坤卦·六四

完全读懂名句

1. 括囊:扎紧袋口。比喻闭口不言。括,扎束打结。

语译:坤卦的第四爻表示,扎紧袋口,没有指责也没有称誉。

象传说:扎紧袋口没有指责,是因为谨慎,所以才没有祸害。

名句的故事

《易·文言》如此解释《坤卦·六四》:"天地变化,草木番

(蕃)。天地闭,贤人隐。"天地之间变化不已,草木蓬勃繁茂地滋长。天地之间闭塞不通,贤能的人便知道该适时隐遁。由于《坤卦·六四》已进入上卦,提醒人们行事作风更须小心翼翼,毕竟一个人不管有多杰出的才智,当其处于高处或不利于己的局面,最好能够看清时势,知所进退,避免锋芒过于显露而招致危殆。

《老子·第五章》:"天地之间,其犹橐钥乎,虚而不屈,动而愈出。多言数穷,不如守中。"天地犹如一个袋子(或指风箱),看似虚空却不致匮乏,愈是活动愈是源源不绝。话说得太多,一定会碰上理屈词穷的时候,还不如持守虚无清静的原则。另《老子·第五十六章》开头两句:"知者不言,言者不知。"通晓道理的人是不谈论的,谈论的是根本不了解道理的人。老子一向主张静默少言、内敛守中,无为寡欲、以柔克刚、功成身退等,其思想正与"括囊,无咎无誉"藏而不露、明哲保身的说法相符合。

历久弥新说名句

战国时期的荀子,其对"括囊,无咎无誉"提出另一种见解。见《荀子·非相》:"故君子之于言无厌,鄙夫反是,好其实不恤其文,是以终身不免卑污庸俗。故《易》曰:'括囊,无咎无誉。'腐儒之谓也。"君子是不会对说话感到厌倦的,但鄙陋的人正好和君子相反,爱好实质而不喜文饰,因而一辈子不免流于卑俗。所以《易》才说："扎起袋口不说话，没有过错也没有功劳。"说的就是迂腐无用的书生啊！

荀子认为对人说真诚的话，比送给对方金石还要来得珍贵；若总是保持沉默，不敢表露真心话，虽不致受到指责或获得称许，但这样的作为却是不足取的。

东汉班固在《汉书·车千秋传赞》中道："车丞相履伊、吕之列，当轴处中，括囊不言，容身而去，彼哉！彼哉！"意指曾在西汉武帝、昭帝担任宰相的车千秋（即田千秋，晚年武帝特许他乘小车入宫朝见，故又称为车千秋），虽与商朝伊尹、战国时秦国吕不韦同样处于朝政核心，然其闭口不语，只想到保全自身，实在是令人感到鄙夷啊！

班固认为车千秋官居高位，掌握国家大权，明明可有一番作为，却选择凡事缄默，一副谁也不得罪的中立态度，为此写下对其人品嗤之以鼻的评论。由以上可知，纵使"括囊"能让人"无咎无誉"，远离灾厄，不过也不能太过"括囊"，以致于该有作为时过于退缩。

黄裳，元吉

名句的诞生

六五，黄裳¹，元吉。

象曰：黄裳元吉，文²在中也。

——坤卦·六五

完全读懂名句

1. 黄裳：黄色的裙子。黄，土地之色。2. 文：文采。或指人的美德。

语译：坤卦的第五爻表示，黄色的裙子，非常吉利。

象传说：黄色的裙子，非常吉利，富有文采且又居于中位。

名句的故事

相对于乾卦代表天、君、父、夫，坤卦便依序代表地、臣、母、妻。周朝时期，人们普遍认为黄色不仅是土地的颜色，也是尊贵吉祥的象征；"裳"本意是穿在下半身的裙子，此引申不敢居于上位。《坤卦·六五》之"黄裳"比喻具有美好品德的人，虽然位居要职，但知道卑己尊人，绝不会做出僭越主上、败坏纲纪的事，所以是相当吉利的一爻。

《左传·昭公十二年》记录春秋鲁国大夫季平子的家臣南蒯准备叛变，并对推翻季平子一事进行占卜，得到"黄裳元吉"的爻辞。南蒯以为是好兆头，就拿给鲁国大夫子服惠伯看。

对《易》有深入研究的子服惠伯对南蒯说："忠信之事则可，不然必败。外彊（通"强"）内温，忠也。和以率贞，信也。故曰：'黄裳元吉。'黄中之色也，裳下之饰也，元善之长也。中不忠不得其色，下不共（通"恭"）不得其饰，事不善不得其极。"意指南蒯占卜的若是忠信的事就可以成功，不然必定失败。外在强盛而内在温顺就是忠。平和而遵循正道就是信。所以说："黄裳元吉。"黄是中间的颜色（古代以五色配五行、五方。土与黄色的方位皆居中），裳是下半身的服饰，元是善的首位。内心不忠诚，就和颜色不相称，居下位不恭敬，就和服饰不相配，行事不正直，就和标准不相符。

子服惠伯认为占卜者如果不具忠信美德，即便卜卦结果出现大吉，还是不可能成功的；果不其然，南蒯这场犯上作乱的行动终告失败，只好连忙出奔逃到齐国。

历久弥新说名句

唐代经学家李鼎祚辑录历来数十家对《易》的研究，编成《周易集解》。其中《坤卦·六五》李鼎祚援引东晋干宝（即志怪小说《搜神记》作者，其有关《易》学原书今皆散佚）之说："阴登于五，柔居尊位。若成昭之主，周霍之臣也。百官总己，专断万机，虽情体信顺，而貌近僭疑，周公其犹病诸。言必忠信，行必笃敬，然后可以取信于神明，无尤于四海也。故曰'黄裳元吉'也。"在此阴爻六登上五，代表坤卦的柔顺之德居尊贵的序位。就像西周成王与西汉昭帝有周公和霍光这样竭尽忠诚的臣子。统理文武百官，独自决断众多政务，虽然内在与形体对君主诚信顺从，但从外表来看，仍不免让人怀疑他们有僭越的企图，连圣德如周公者，尚且忧心自己做不到完善而感到遗憾呢！说话必须忠实守信，行为必须笃厚恭敬，其后可取得上天信任，也不会受到天下人责难。这就是"黄裳元吉"的意义啊！

干宝以忠心辅佐幼主、统摄朝政的周公与霍光为例，表明"黄裳"乃人臣之道最极致的展现，符合君子中正平和、通达情理的德行。

龙战于野,其血玄黄

名句的诞生

上六,龙战于野¹,其血玄黄²。
象曰:龙战于野,其道穷也。

——坤卦·上六

完全读懂名句

1. 野:郊野。2. 玄黄:天地的颜色;古代称玄为天色,黄为地色。玄,黑中带赤色。

语译:坤卦的上爻象征阴极阳生、阴阳二气交合,就像龙在郊野争斗,流出玄黄相杂的血。

象传说:龙在郊野争斗,是因为已经走到穷困的绝境。

名句的故事

《坤卦·上六》爻辞出现了乾卦意象的"龙",代表坤卦的阴

气已经走到盛极，把自己视之为"龙"而不肯避退，此时必定引来阳气攻击，因为阳气是不容许阴气的侵犯，双"龙"争斗的结果是两相俱伤。最后，阴气仍然无法胜过阳气，终是走到穷途末路之境，这也正是此爻《象》所云"其道穷也"。后来人们便把"龙战于野"用来比喻群雄角逐，争夺天下；以"龙血玄黄"比喻战况激烈，血流成河。

《易·文言》对此爻的解释为："阴疑于阳必战。为其嫌于阳也，故称龙焉。犹未离其类也，故称血焉。夫玄黄者，天地之杂也。天玄而地黄。"意指极盛的阴气在此受到阳气的猜疑，必然引发一场争霸战。这是阴气以为没有阳气的存在，所以也和阳气一样称之为龙。然而阴气还是不能离开其阴之本质，虽然具有伤害阳气的能力，但仍是不敌阳气，阴、阳两气交战流出的是天玄地黄的血。所谓玄黄，是指天地混杂的颜色，玄是天的颜色，黄是地的颜色。

《坤卦·上六》位居坤卦最高一爻，其爻辞却反而比不上次序在下的各爻；不过借由象征乾卦的"龙"与"天"出现，也印证《易》中各爻的现象不管如何运动变化，"物极必反"、"反复相生"乃《易》恒久不变的真理。

历久弥新说名句

《三十六计》约成书于明清年间，作者已无可考，书中不少计谋便是以由《易》的阴阳变化推演而来。在《第十八计·擒贼擒王》中写道:"摧其坚,夺其魁,以解其体,龙战于野,其道穷也。"意为摧毁敌人的主要战力,就是要捉住对方的首领,将他们的力量彻底瓦解,如同龙困在陆地的郊野作战一样,因无法施展本领以致陷入困境。也就是说,《坤卦·上六·象》之"龙战于野,其道穷也"的窘困处境,正是运用"擒贼擒王"一计后迫使敌人走投无路而战败的最佳写照,借以强调捉拿敌方首脑或是打击敌人要害,才是致胜的关键所在。

  其实早在唐代便已出现"擒贼擒王"的说法,见杜甫《前出塞》前四句:"挽弓当挽强,用箭当用长。射人先射马,擒贼先擒王。"开弓就要用强弓,射箭就要用长箭。要射人得先射马,要捉贼得先捉王。诗中透露出杜甫对于军事战略的见解,而他所写的"擒贼先擒王"除了可以应用在政治、军事方面之外,人们后来也将其引申为做事要先把握住关键,以便达到事半功倍的成效。

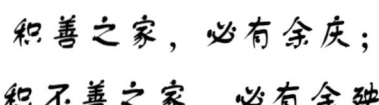

积善之家,必有余庆;
积不善之家,必有余殃

名句的诞生

积善之家,必有余庆;积不善之家,必有余殃。臣弑其君,子弑其父,非一朝一夕之故,其所由来者渐矣,由辩[1]之不早辩也。

——坤卦·文言

完全读懂名句

1. 辩:判别。通"辨"字。

语译:累积善行的人家,必有多余的吉庆留给后代;累积恶行的人家,必有多余的灾殃留给后代。臣子杀害他的国君,儿子杀害他的父亲,这些事情并非短暂的时间就可以形成,而是长期逐步发展的结果,只是由于没有及早辨别罢了。

名句的故事

《易·文言》以"积善之家，必有余庆；积不善之家，必有余殃"来诠释《坤卦·初六》之"履霜，坚冰至"爻辞，表明不管人们行善或是作恶，其吉凶后果全由自己日积月累的行为所铸成，全句着重在一个"积"字，类似佛家"因果报应"以及儒家"积德累仁"的观点。而后提到人臣、人子胆敢做出弑君、杀父如此大逆不道的举动，实是缘于他们的君王、父亲不能在平时防微杜渐，细察人事的异样变化，分辨臣、子的忠良奸邪，终导致叛乱祸事的发生。

清人李汝珍在《镜花缘·第十二回》叙述文士唐敖与多九公游历"君子国"时，巧遇当国双宰辅吴之和、吴之祥兄弟。当吴氏兄弟听到唐敖、多九公来自天朝（唐朝），便与其谈论起号称泱泱大国的天朝，何以有子孙为了选择风水墓地，竟让家中往生的长辈停棺数年甚至两三代之久。吴之和对唐敖说道："天下事非大善不能转祸为福，非大恶亦不能转福为祸。《易经》'余庆余殃'之言，即是明证。今以阴地，意欲挽回造化，别有希冀，岂非'缘木求鱼'？与其选择徒多浪费，何不遵着《易经》'积善之家，必有余庆'之意，替父母多做好事，广积阴功，日后安享余庆之福？较之阴地渺渺茫茫，岂不胜如万万？"

作者借由小说人物吴之和之口，说明人的福祸造化与先人墓地的风水好坏绝无关联，唯有行善积德才能真正造福祖先，庇荫

后代子孙。

历久弥新说名句

北宋苏轼不仅是一代文学大师，他其实也是《易》学的爱好者，其在《东坡易传》阐释《坤卦·文言》之义："惟其顺也，故能济其刚；如其不顺，则辩之久矣。"苏轼认为坤卦的原理是顺应自然时序的趋势发展，所以能助益其活动时的刚健之气；不过，也正因坤卦具有阴柔、顺习而行的本质，故平常就必须留心观察，深思明辨，保持高度的警觉，避免让小事积微成著，延伸扩大成一发不可收拾的灾祸。

不过，既称"余庆"、"余殃"，便表示在己身一代之庆殃之外，尚会延及子孙；而个人的不努力与遭逢的乖舛逆境，并无法归咎于先人的"积不善"，毕竟那仅是"余庆"与"余殃"，自己的人生主要还是掌握在自己手中，要自己负责的啊！

匪我求童蒙,童蒙求我

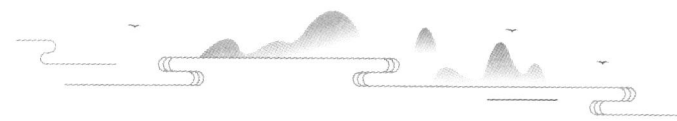

磐桓，利居贞，利建侯

名句的诞生

初九，磐桓[1]，利居贞[2]，利建侯[3]。

——屯[4]卦·初九

完全读懂名句

1. 磐桓：意同"盘桓"，徘徊观望的意思。2. 贞：占卜。一说为坚贞、贞定的样子。3. 建侯：分封诸侯，安排人事。4. 屯：易经卦名，有困难、危难的意思。

语译：屯卦的初爻是阳爻，意思是处于徘徊观望的阶段，利于坚贞自守，为基业作准备，先进行人事的安排。

名句的故事

距今大约三千一百多年前，商朝的纣王即位。纣王是一个残

忍又好色的帝王。他娶了九侯的女儿，嫌她不够淫荡，于是把九侯剁成肉酱。鄂侯为此与纣王争辩，也被做成了肉干。这个消息传到西伯姬昌的耳中，他很同情两人，于是长叹了一声。崇侯虎向纣王密告这件事，纣王非常生气，就把姬昌囚禁在羑里。姬昌被囚禁后，不仅未曾怀忧丧志，反而开始借卜筮来计划自己的将来。

古人卜筮靠的是伏羲氏所画的八卦。当姬昌看到上坎下震的卦象时，心有所感。他想，水在雷上，不就是云气吗？云气聚集，雷电隐隐，不正是下雨前的阴郁状况吗？下雨之前，阴郁的天气固然令人烦闷，但随之而来的甘霖，将滋润万物。姬昌想到自己现在的遭遇。于是，姬昌把上坎下震的卦象命名为"屯"，因为"屯"这个字兼具了困难及累积的意思，虽然身处困难，但是应该要视之为累积能力的机会，这就是这个卦的意义。后来，他又陆续推演出八卦的六十四种组合，这六十四卦就成了《易》的基本架构。

姬昌在羑里被关了七年，出来后回到西岐，大行仁政，得臣民的拥戴。在他死后，他的儿子姬发起兵讨伐纣王，建立了周朝，尊奉姬昌为周文王。

历久弥新说名句

《左传·昭公七年》记载：卫襄公姬恶没有嫡子。他的宠妾婤姶替他生了两个儿子，长子名为孟絷，次子名为元。大臣孔成子和史朝不知道该立谁为国君，于是用《易》占卜，卜到了《屯卦》："元亨利贞，勿用有攸往，利建侯。"

史朝认为卦辞中提到的"元"字，指的是卫襄公的次子，所以该立姬元为国君，孔成子则认为"元"是长子的意思。史朝引《屯卦·初九》的爻辞作进一步的解释。史朝说："'建侯'是分封诸侯的意思，如果立长子为君的话，就只能算是继位而不能算是建侯。"

姬元被立为国君后，任用小人而疏远君子，更因宠幸南子而使国内发生了蒯聩之乱。他就是后来的卫灵公。

孔成子和史朝两人都未从《易》的哲理来解释立君一事。《屯卦·初九·象》解释"利建侯"为"以贵下贱，大得民也"，意思是如果礼贤下士，就能得到民心。姬昌任用姜子牙，让他辅佐姬发建立周朝；刘备请出诸葛亮，请他协助儿子刘禅经营蜀国。卫襄公生前若能多任用这类贤才，无论是立哪个儿子为国君，又有什么差别呢？

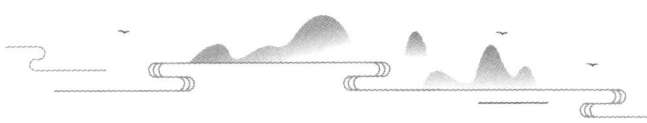

屯如,邅如,乘马班如

名句的诞生

六二,屯如[1],邅如[2],乘马班如[3]。匪寇,婚媾。女子贞不字,十年乃字。

——屯卦·六二

完全读懂名句

1. 屯如:处境艰险的样子。2. 邅如:前进困难的样子。3. 乘马班如:骑马返回的样子。

语译:屯卦的第二爻表示,处境艰险,前进困难,只得骑马返回。原以为是劫掠事件,但事实上是婚娶仪式。女子占问结婚一事,要经过十年,才能顺利出嫁。(一说:女子守贞不嫁,十年后才许嫁。)

名句的故事

公元前1047年,商朝的纣王领兵攻打南方的有苏部落。这是一场力量绝对不对等的战争,因此纣王不费吹灰之力就打了胜仗。在纣王无数次的征战之中,这只是一次微不足道的小战争而已,不过这次战争所获得的战利品,却是他一生成败的关键。

纣王打败有苏部落,战利品中自然少不了金银、牛马等,不过当他一一检视、看到充满青春活力的妲己时,他觉得,这是他一生中最美丽的战利品。

在许多原始部落的抢婚习俗中,所谓的求亲、迎娶,就是一次争战。妻子就是这次争战中最重要的战利品。

我们无从得知妲己所属的有苏部落是否也采行这样的抢婚制,也无从得知刚被俘虏的妲己是否曾为自己的命运而哭泣。但是,从妲己后来的作为来看,她似乎很快就学会了扮演自己的角色——一名受宠的姬妾。

妲己尽全力讨好纣王,而纣王也尽可能宠爱妲己。他为了她而建造酒池肉林,为了她而不理朝政,为了搏她一笑,他设计了炮烙、虿盆等酷刑。当纣王进入有苏部落时,他是劫掠她美色的盗匪,而当她进入王宫,她却成了最后的胜利者。《屯卦·六二》上说:"屯如,邅如,乘马班如。匪寇,婚媾。"这是妲己一开始的遭遇。

历久弥新说名句

《屯卦·六二》的爻辞是:"屯如,邅如,乘马班如。匪寇,婚媾。"学者多把这段文字看作古代"抢婚制"的记录。

"婚礼"原作"昏礼",这是因为婚礼大多在黄昏举行。为什么婚礼要在黄昏举行呢?有一种说法是:原始部落采行"抢婚制"。男方要娶女方为妻时,会率众到女方家中,以武力把女子抢来。由于黄昏时抢婚比较容易成功,所以在黄昏举行婚礼,就成为通例。

抢婚制可视作一种习俗,不过借武力来掠夺自己想要的事物,似乎是人的劣根性,所以即使"婚礼"已逐渐摆脱了原始以武力掠夺的方式,但是"抢婚"的事件,仍时有所闻。如《左传·襄公二十五年》曾记录一位郑国商人抢夺他人新娘为妻的事迹,《北史·高昂传》也记载高昂帮助兄长高干抢夺崔氏女为妻等。

古代抢婚制等于是一种测试,用以测试男子是否有保护女子的能力。但是文明进化后,这类测试就失去了意义。换言之,后来的抢婚事件乃至近代用暴力胁迫女子与自己交往、婚配等,根本就是为满足个人私欲的暴力行为。

泣血涟如,何可长也

名句的诞生

上六,乘马班如,泣血涟如[1]。
象曰:泣血涟如,何可长也。

——屯卦·上六·象

完全读懂名句

1. 泣血涟如:伤心而泪流不止的样子。

语译:屯卦的上爻表示,骑马返回,因为伤心而泪流不止。
象传说:伤心而泪流不止,哪里可以长久呢?

名句的故事

伯邑考是周文王姬昌的长子,他不但善于弹琴,而且是个美男子。孝顺的伯邑考为了搭救被囚禁在羑里的父亲,于是带着厚

礼前往朝歌。

妲己见到了俊俏的伯邑考,十分心动,于是到房里引诱他。伯邑考完全不被妲己的美色所惑,反而严词加以拒绝。妲己恼羞成怒,向纣王诬告,说伯邑考觊觎她的美色,意图不轨。纣王盛怒之下,下令处死伯邑考,并且把伯邑考做成肉羹,拿给姬昌吃。

当肉羹拿到姬昌的面前时,他假装不知情,忍痛吃下了肉羹。纣王得意地说:"人家都说姬昌是圣人,可是哪有吃下自己儿子的肉却不知情的圣人呢?"这时,姬昌的大臣如闳夭、散宜生等,献上许多美女宝物给纣王。因为纣王对姬昌已经没有了防范之心,就把他放回去了。

姬昌回到西岐后,就起兵攻打犬戎、密须、耆、邗等国,一面扩展自己的势力,一面向殷商进逼,后来他消灭了向纣王进谗言的崇侯虎。临终前,他把为伯邑考报仇的重责大任,交给了儿子姬发。

周文王吃下儿子的肉一事记载在《帝王世纪》里。那正是他"泣血涟如"之时,不过,同时也是他脱离危难的关键时刻,正应验了象辞所说的:"泣血涟如,何可长也。"

历久弥新说名句

关于"泣血涟如,何可长也"这句话的解释,前人多半着重在它的负面意义,即"悲痛至极,难以长久,终必灭亡"。然而,

《易》着重吉凶循环的哲理，屯卦本为象征艰难险阻的凶卦，卦辞也强调"勿用有攸往"，但是六爻演进，到上六已是极致，吉凶理应有所变动，所以把"何可长也"的主词理解为"艰难的状况"，解作"悲痛至极的情况，哪里会长久，事情终会有所改善"，似乎更能留给人一丝希望，这也正与老子所说的"飘风不终朝，暴雨不终日"意思相近。

《庄子·齐物论》中有一则故事：丽姬是艾地守将的女儿。晋献公攻打艾地，俘虏了丽姬。丽姬十分伤心，不停地哭泣，连衣裳都被眼泪沾湿了。后来她到了王宫里，睡在舒适的床铺上，吃着美味的食物，才开始后悔，觉得自己先前根本就不需哭得那么厉害。

庄子用这个故事来说明，生死哀乐，本来就是变化无常的。"塞翁失马，焉知非福"的事情，哪里只是特例呢？

屯卦是遭遇艰难的卦象，也是累积实力的卦象，当一个人遭遇艰难、"乘马班如"、从头再来时，艰难的情况将会因实力的累积而有所突破，这是屯卦给我们的启示。

匪我求童蒙,童蒙求我

名句的诞生

蒙,亨。匪¹我求童蒙²,童蒙求我。

——蒙卦·卦辞

完全读懂名句

1. 匪:不是。2. 童蒙:未受教育的无知幼童。

语译:蒙卦象征通达。不是我去求无知幼童受教化,而是无知幼童主动求我给予教化。

名句的故事

蒙卦的组成是上艮下坎。艮属山,坎属水,古人从"山下有水"联想到山下被水流所滋润的茂盛树林,再由茂盛的树林联想到儿童未经开发的心智。

在蒙卦的卦辞中讨论了许多教育的议题，如孔子在《论语·述而》的"不愤不启，不悱不发"和荀子《劝学》的"不问而告谓之傲"等儒家教育思想，正与蒙卦"匪我求童蒙，童蒙求我"的主动学习精神密切相关。

孔子认为，不是真心想要求得知识，不是曾经努力去追寻而找不到解答的学习者，他就无须去启发他。荀子则认为未经询问就主动回答，是一种傲慢的行为。由于两人都是知名的教育家，所以他们的教育理念来自于教学的实务。

无独有偶，禅宗也有和儒家相似的教育理念。唐代的慧忠国师曾经三次呼喊侍者却不交代任何事，原是想点醒侍者，让他认识自心，但侍者却一脸茫然。慧忠禅师感慨地说："不是我辜负你，而是你辜负我啊！"

宋代的慧开禅师在《无门关》一书中评论慧忠的做法是"按牛头吃草"。他认为如果不是牛主动想吃草，那么就算硬把他的头按到草地上，他也是不肯吃的。

现今有许多家长硬逼着孩子补习学才艺，却不在意他们是否有兴趣，这也都可以算是"按牛头吃草"的行为。

历久弥新说名句

《易》的卦象与卦辞具有高度的抽象性与概括性，因此被后人广泛运用于比附或说明自己的理论见解，如《三十六计》。

《三十六计》大约成书于明清时代，作者不详，其中第十四

计"借尸还魂"的说明是:"有用者,不可借;不能用者,求借。借不能用者而用之,匪我求童蒙,童蒙求我。"意思是说,有用的事物,就无法假借它的名义来利用,无用的事物,往往可以假借它的名义来加以利用。假借无用事物的名义,以发挥作用,那么就不是我受它控制,而是它来受我的控制。

秦朝末年,陈胜起兵对抗暴政。由于陈胜的出身低贱,不足以号令天下,于是他就假托扶苏、项燕的名义起兵,因而得到许多人的支持。

扶苏是秦始皇的长子,被李斯、赵高等人设计害死,秦二世胡亥即位后,秦人大多怀念扶苏的宽厚。项燕是战国末期的楚国将领,骁勇善战,虽然兵败殉国,但当时的人多半以为他还没死。陈胜只是假托他们两人的名义,却不用受他们两人的实际控制,这就是《蒙卦》中"匪我求童蒙,童蒙求我"的"借尸还魂"之计。

再三渎，渎则不告

名句的诞生

初筮¹告，再三渎²，渎则不告。利贞。

——蒙卦·卦辞

完全读懂名句

1. 筮：以蓍（师）草占问。2. 渎：亵渎，此指对神明不敬。

语译：第一次占问时，神明会告知吉凶，若是一再占问同一件事，就是亵渎了神明，神明就不会告知真正的结果。蒙卦利于占问。

名句的故事

《左传·僖公十五年》记载，晋献公想要立骊姬为夫人，就找人用龟甲占卜吉凶，得到了不吉的结果。晋献公不满意这个结果,于是又找人用蓍草占卜,这回则得到了大吉的结果。晋献公说:"那么就照着蓍草占卜的结果去做吧!"负责占卜的人说:"用龟甲占卜比较正式,应该听从龟甲占卜的结果才是。"晋献公不采纳这个意见,就下诏立骊姬为夫人。

骊姬被立为夫人后,有心让自己的儿子奚齐继承晋国的王位,就设计陷害原来的太子申生,终于逼得他自杀,而晋献公的另外两个儿子重耳、夷吾则逃往国外。晋国因而发生动乱,连奚齐也被杀死。

就结果来看,似乎证明了用蓍草占卜不如龟甲准确这个说法,然而,仔细探究晋献公的心态与做法,又哪里是蓍草或龟甲的问题呢?即使蓍草占出来的结果也是凶卦,晋献公或许仍会一而再、再而三地占问下去,直到得到自己想要的结果。

也许你也曾在庙里看过这般景象,有人向神明掷筊求问,结果得到的是象征凶多吉少的阴筊。那人呆了一下,又对神明说:"我刚刚的问题可能没问清楚,我再问一次。"一连掷了七八个阴筊,才终于掷到象征大吉的圣筊。那人看到圣筊,就开开心心地离去了。

姑且不论圣筊或阴筊是不是机率的问题,当那人质疑掷筊的结果,神明倘若有知,又岂会告诉他真的答案呢?

❀ 历久弥新说名句 ❀

《礼记·表记》中说:"无辞不相接也,无礼不相见也,欲民之毋相亵也。《易》曰：'初筮告，再三渎，渎则不告。'"孔子认为，没有正当的理由就不接见百姓，没有予以见面礼也不接见百姓，这是希望不要让百姓把你看得太随便。就像是《易》所说的："初筮告，再三渎，渎则不告。"即是在强调上位者的威信。

　　孔子的学生子游在武城当官，孔子问他："你这里有什么贤能的人吗？"子游说："有一位名叫淡台灭明的人，做事光明磊落，没有公事，就不会来找我。"这就是"无辞不相接"的道理。当官者若是经常大开后门，让一些人来家里送礼物、攀关系，当官者的威信必会大受影响。

　　孔子"有教无类"，愿意接纳各种身份的学生，但是他收学生时，一定会要求"束修"当见面礼。"束修"就是一束干肉，是极为微薄的礼。孔子图的并不是那份薄礼，而是借此建立老师的尊严，强调求教者必须表达自己的诚意。教育工作者应要有适当的威信，不能任人予取予求，否则，反而会失去知识分子的格调与尊严。

君子以果行育德

名句的诞生

象曰：山下出泉，蒙。君子以果[1]行育[2]德。

——蒙卦·象

完全读懂名句

1. 果：果决。2. 育：培养。

语译：象传说：山下涌出泉水，这是蒙卦的卦象。有道德的君子应从这个卦象中，领悟到行为要果决、道德要培育。

名句的故事

清朝吴敬梓的《儒林外史》是一本讽刺科举制度的小说。在这本小说中，有一个号称"真儒"的虞博士，他的名字就是来自《易》的"君子以果行育德"一语。

《儒林外史》第三十六回提到一位活到八十多岁的虞秀才，"他儿子不曾进过学，也是教书为业。到了中年，尚无子嗣。夫妇两个到文昌帝君面前去求，梦见文昌亲手递一纸条与他，上写着《易经》一句：'君子以果行育德。'"当下就有了娠。到十个月满足，生下这位虞博士来。太翁去谢了文昌，就把这新生的儿子取名育德，字果行。"

虞博士待人忠厚，曾在路上救了一位没钱埋葬父亲的孝子。他的见识也过人，提拔了才气洋溢的杜少卿。在小说的第四十六回中，作者借余大先生之口，评论虞博士："难退易退，真乃天怀淡定之君子。"虞博士可以说是作者心目中儒者的典范。后来，他成为泰伯祠公祭的主祭者，用古礼古乐致祭。这场祭典被看作《儒林外史》一书的高峰。

虞博士虽是虚构的小说人物，但也不是全无所本。后人认为，虞博士就是江宁府教授吴蒙泉的化身，这是因为虞、吴两字不仅字音相近，而"蒙泉"一词，也恰与"果行育德"出处相同。

历久弥新说名句

孔子曾将《蒙卦·象》的"君子以果行育德"推衍为"言必信，行必果"一语，用以说明成为"士"的基本条件。

"言必信，行必果"就是指说话要有诚信，做事要能果决。值得深究的是，孔子只把"言必信，行必果"看作第三等的士。

在孔子的眼中,第一等的士必须"行己有耻,使于四方,不辱君命",能对国家民族有所贡献。第二等的士则是"宗族称孝,乡党称悌",也就是要能够照顾亲朋好友。至于"言必信,行必果"充其量只不过是知识分子的基本修养而已。

如果从《易》来看,"君子以果行育德"出现在《蒙卦·象》,"行必果"确实只是教育的初步工作而已。

孔子曾于《论语·宪问》称赞管仲:"微管仲,吾其被发左衽矣!岂若匹夫匹妇之为谅也,自经于沟渎,而莫知之也。"认为管仲不顾以身殉主的小节小义,而为国家百姓贡献心力,这才是正确的选择。

三国时的诸葛亮曾经为了孙、刘联军一事,在江东舌战群儒,终于说服孙权出兵,而在赤壁大败曹操。诸葛亮"不辱君命"的行为,成为第一等士的典范。

童蒙之吉，顺以巽也

名句的诞生

六五，童蒙，吉。
象曰：童蒙之吉，顺以巽¹也。

——蒙卦·六五·象

完全读懂名句

1. 巽：谦逊。

语译：蒙卦的第五爻表示，幼童蒙昧无知，吉利。
象传说：幼童蒙昧无知是吉利的，因为他们既柔顺又谦逊。

名句的故事

蒙卦主要谈的是教育的问题，在《蒙卦·六五》的爻辞中，认为幼童的蒙昧无知是吉利的。而在此爻的《象》中认为蒙昧无知之所以为吉利，因为幼童既柔顺又谦逊。

日本禅宗有一则公案：明治时代，有一位知名的南隐禅师。有个学者听到他的大名，觉得很不服气，于是假意上门求教。南隐禅师看到访客摆出一副盛气凌人的样子，丝毫不动声色，不但请访客坐下，还亲自为他倒茶。杯子很快就满了，但禅师还是继续往里头倒茶。学者连忙说："够了，别再倒了，茶都满出来了。"这时，南隐禅师不慌不忙地说："你就像这茶杯，装满了自己的想法。假如你不能把杯子倒空，我又能告诉你什么呢？"

滕文公的弟弟滕更向孟子问学，孟子却不理会他提出的问题。孟子的另一位弟子公都子问孟子："老师为什么不肯回答滕更的问题呢？"孟子回答："挟贵而问，挟贤而问，挟长而问，挟有勋劳而问，挟故而问，皆所不答也。滕更有二焉。"意思是，有五种人的问题孟子不愿回答：自恃尊贵的，不答；自恃贤能的，不答；自恃长辈的，不答；自恃有功劳的，不答；自恃是孟子亲戚朋友的，不答。而滕更自恃尊贵，又自恃贤能，所以孟子不愿回答他的问题。这件事记载在《孟子·尽心上》，既点出了孟子的教育理念，也可以用于解释《蒙卦·六五·象》的"童蒙之吉，顺以巽也"。

历久弥新说名句

《三十六计》用"童蒙之吉，顺以巽也"这句话来解释"苦肉计"，原文是："人不自害，受害必真；假真真假，间以得行。

童蒙之吉，顺以巽也。"意思是说，平常人不会伤害自己，因此伤害自己以假装受到他人迫害的做法会让人信以为真。当别人把真的当成假的，把假的当成真的，就可以施行反间计了。就像是对付无知的幼童，只要顺着他们的心思，就可以轻易地控制他们。

《吴越春秋》中记载的一个故事，足以当作"苦肉计"的最佳例证。阖闾杀了吴王僚而夺得王位，但是他很担心吴王僚的儿子庆忌会来找他报仇。伍子胥向阖闾推荐了勇士要离。要离告诉阖闾："只要大王砍断我的右臂，杀掉我的妻子，我就能成功。"阖闾虽然感到讶异，但还是这么做了。要离向庆忌诈称自己受到阖闾的迫害，果然取得庆忌的信任，后来趁庆忌一时不备，成功刺杀了他。

除了要离以外，据说三国吴人黄盖也曾经用过苦肉计，故意让周瑜责打自己，而后向曹操诈降，在赤壁一战中建立奇功。歇后语"周瑜打黄盖——一个愿打，一个愿挨"讲的就是这个故事。

击蒙,不利为寇,利御寇

名句的诞生

上九,击蒙,不利为寇[1],利御寇。

——蒙卦·上九

完全读懂名句

1. 寇:侵犯、掠夺。

语译:蒙卦的上爻,以惩罚手段对待无知的幼童,不能发挥积极的教导作用,只能防止他们做坏事。

名句的故事

有一回,原壤两脚分开蹲坐在家中,孔子进门看到他那种散漫随便的行为,很是生气,于是拿起手杖,敲了原壤的小腿几下,并且骂他:"老而不死,是为贼也。"意指原壤活到这么大的年纪,不过是在浪费粮食而已。

有人从《论语·宪问》的这段记载中认定孔子也会体罚学生,然而,这种说法是有问题的,因为原壤是孔子的老朋友,而不是他的学生。

《礼记·学记》说:"夏楚二物,收其威也。"夏楚就是教鞭,《礼记》认为使用教鞭可以用来警惕学生,建立教育者的威严。俗语说:"不打不成器。"这些说法足以证明过去的教育是认同体罚的。

孔子并未对体罚提出任何说法,不过他对体罚的看法,可以从他的一段话窥见一斑。孔子在《论语·为政》说:"道之以政,齐之以刑,民免而无耻。"简单来说,就是靠着处罚的手段来管理百姓,百姓只会想办法逃避处罚,而不会对所犯的错误产生羞耻心。

当教育者以体罚作为教育手段时,学生所在意的,将是会不会受到处罚,而不是自己到底有没有做错。换言之,他们将很难从错误中学习。

做对了就有奖赏,做错了就有处罚,这是驯兽师训练动物的办法。不过,学生和动物不同,这是教育工作者必须思考的问题。《蒙卦·上九》的"击蒙,不利为寇,利御寇"为体罚一事,作了绝佳的说明。

历久弥新说名句

《三十六计》的"抛砖引玉"说:"类以诱之,击蒙也。"意

指用类似的事物去引诱敌人,就会像对付无知幼童一样简单。这里,把教育上的"循循善诱"引申作军事上的"诱敌深入"。

《左传·桓公十二年》记载,楚攻打绞国,军队驻扎在绞国的南门。楚国大夫屈瑕出了一个计策:"绞国人傲慢而没有谋略,如果不派人保护砍柴的樵夫,绞国军队一定会来劫掠柴火。到时,我们再派兵埋伏,攻击绞国,必定会大获全胜。"楚国施行这个计策后,绞国果然前来抢柴火,还俘虏了三十个楚国人。第二天,绞国军队争先恐后出城抢劫,这时,埋伏在北门及山下的楚国军队趁机攻击,绞国大败全溃。绞国因而和楚国订下屈辱的城下之盟。

战国时代的孙膑也用过类似的计策。齐国的孙膑知道魏国庞涓向来瞧不起齐国,认为齐国人懦弱怕死,于是利用减少灶火的方式,营造出齐国军队纷纷逃兵的感觉。庞涓果然中计,一路追赶齐国军队,一直追到了地势险要的马陵道中。庞涓在马陵中了齐国的埋伏,自杀而死。这件事记载于《史记·孙子吴起列传》中。

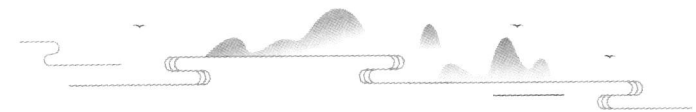

> **名句的诞生**
>
> 需¹，有孚²，光亨，贞吉，利涉大川³。
>
> ——需卦·卦辞

完全读懂名句

1. 需：卦名。辞义是等待。2. 孚：诚心、信用。一说，俘虏。3. 大川：比喻艰难险阻。

语译：需卦象征有诚心就能够光明而亨通。坚守贞正为吉，利于涉水渡过大川，完成事业。

名句的故事

公元前1050年，周文王姬昌驾崩。周武王姬发即位后，任用姜子牙、周公姬旦、召公、毕公等人为辅佐，以做好伐纣的准

备。不久,姬发在盟津大会诸侯,有多达八百位的诸侯与会,大部分的诸侯都说:"可以讨伐纣王了。"姬发听到众诸侯的话,丝毫不动声色,只淡淡说:"现在还没到出兵的时刻。"

随着时间的过去,纣王变得更加残暴,不但囚禁贤能的箕子,还杀了忠心的比干,挖去他的心脏。许多大臣前往投奔周武王,到这时,姬发认为时机已经成熟,于是遍告诸侯,准备起兵攻打纣王。

武王带了五万名士兵渡过盟津,并再次集结诸侯。武王对众诸侯说:"纣王听信妇人的话,倒行逆施,杀害忠臣,背弃祖先。现在我决定代替上天惩罚他。"

纣王听说武王的军队逼近国都朝歌(今河南淇县东北),于是派了七十万大军,与武王对抗。没想到,纣王的作为早已使得天怒人怨,所有士兵都倾慕武王的仁义,于是纷纷倒戈,周武王大获全胜,纣王则在鹿台自焚而死。

《史记·周本纪》记载了周武王由等待到得到众人支持,而后顺利渡川的史事,足以说明《需卦》:"有孚,光亨,贞吉,利涉大川"的义蕴。

历久弥新说名句

《三十六计》的第十六计为"欲擒故纵"。"欲擒故纵"的原文是:"逼则反兵;走则减势。紧随勿迫,累其气力,消其斗志,散而后擒,兵不血刃。需,有孚,光。"意思是逼迫敌军就遭到反抗，让敌军逃走就可以减弱他们的气势。紧紧跟随而不要过于逼迫，就可以使敌军疲累，消减他们的斗志，等他们意志完全消散后就可以把他们一举成擒，完全不会有损伤，甚至连兵器都可以不用沾上血。就像《需卦》所说的："有孚，光亨，贞吉。"

《三国演义·第二回》中，朱隽率领刘备、关羽、张飞等人征讨黄巾余党赵弘、韩忠、孙仲等人。韩忠等人退守宛城，被朱隽的军队所围困。韩忠请求投降，被朱隽所拒绝，刘备献计说："现在城中还有数万叛军，他们既然无法投降，就一定会奋力作战到死，那就难以阻挡了。不如撤去东南方的军队，全力进攻西北方，叛军一定会从东南方逃走，这时我军从后方追击，就能俘虏他们。"

朱隽依计而行，果然射死韩忠，而刘备也立下大功，为他后来的蜀国霸业写下光荣的第一页。他所用的就是"欲擒故纵"之计。

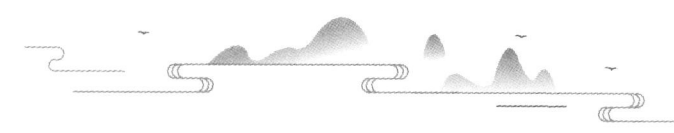

君子以饮食宴乐

名句的诞生

象曰：云上于天，需，君子以饮食宴[1]乐。

——需卦·象

完全读懂名句

1. 宴：安逸、快乐。

语译：象传说：云升上天，就是需的卦象，君子从这个卦象领悟到饮食安乐的道理。

名句的故事

《孟子·梁惠王上》记载，有一回，孟子去见梁惠王时，梁惠王正站在池边，得意地看着宫里畜养的鸟兽说："贤能的君主也有这样的享受吗？"孟子便说："贤者而后乐此，不贤者虽有此,不乐也。"意思是只有贤能的君主能有这样的享受,不贤能的国君就算有这些东西也不能够真正享受。

接着孟子举出周文王的例子。周文王想要盖一座灵台,百姓们知道后就纷纷前往进行工程。周文王从不催促工程的进度,但是在百姓的积极协助下,灵台却在极短的时间内完成了。周文王开心地在台上看着宫中庭园畜养的麋鹿鱼鳖等,看到周文王这么开心,百姓也很开心,这是因为周文王能够与民同乐。

至于夏桀在位时,百姓则是看着天上的太阳,把它想象成残暴的夏桀,对着太阳呼喊着:"时日害丧?予及女偕亡。"(太阳啊!你什么时候会灭亡呢?我情愿和你同归于尽!)在百姓都希望和君主同归于尽的时候,又怎么可能有真正的享受呢?

后来,孟子到了齐国,又对齐宣王阐述类似的道理。孟子对齐宣王说:"今王与百姓同乐,则王矣。"(《孟子·梁惠王下》)孟子认为:不贤能的国君在享受音乐时,百姓会抱怨,说国君让他们受苦,而自己独自享乐。贤能的国君在享受音乐时,百姓会很开心,认为国君能健康地享乐,是他们的福气。孟子所说"与民同乐"的道理,其实可以和《需卦·象》中"君子以饮食宴乐"的道理相互辉映。

历久弥新说名句

宋仁宗的侍读林瑀,自称懂得《易》的道理。他对宋仁宗说:"现在的时代正符合需卦的卦象。《需卦·象》中说:'云上

于天，需，君子以饮食宴乐。'换句话说，皇上应该从现在开始，三不五时就举行宴会，出外游玩打猎，穷尽一切耳目的享受，这样的话，就能够天下太平了。"宋仁宗听了林瑀的话，十分生气，斥退了他。

明朝的冯梦龙在《古今谭概》中评论这件事说："饮食宴乐，人主自会，不须相劝。"若是个人的享乐，当然是不用教也会的，但是要让所有百姓都得到享乐，这才是真正贤能的国君。

清朝的道光皇帝，是个最不懂得饮食宴乐的皇帝。他节俭成性，以致所有的妃子乃至皇后，只能每天穿着旧衣。满朝文武大臣见皇帝如此节俭，也就故意穿着破旧的衣服，以求讨好皇帝，到后来，破旧的衣服是新衣价格的两倍。官员们表面上节俭，实际上大贪百姓的钱，以致国家反而更加穷困。后来发生了鸦片战争，列强入侵中国，大笔大笔的白银送给了外国，而道光皇帝也成了后人的笑柄。

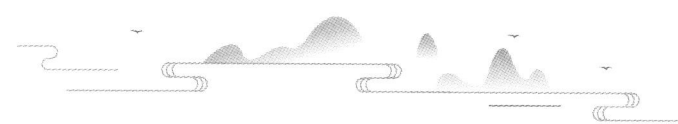

不速之客来，敬之终吉

名句的诞生

上六，入于穴。有不速之客[1]三人来，敬之终吉。
象曰：不速之客来，敬之终吉。虽不当位，未大失也。

——需卦·上六·象

完全读懂名句

1. 不速之客：不请自来的客人。

语译：需卦的上爻是阴爻，象征进入穴中。有三个不请自来的客人前来拜访，敬重他们就能得到吉庆。

象传说：有不请自来的客人前来拜访，敬重他们就能得到吉庆。虽然不符合礼数，但也不会有大的损失。

名句的故事

《史记·周本纪》记载："西伯曰文王。……日中不暇食以待

士。士以此多归之。伯夷、叔齐在孤竹,闻西伯善养老,盖往归之。太颠、闳夭、散宜生、鬻子、辛甲大夫之徒,皆往归之。"在这段记载中,详述了周文王姬昌得到人心的关键,在于他能够虚心接纳各方贤士。史书上说周文王"日中不暇食以待士",贤士的来访使得周文王到了中午都还没有空吃饭,自然不是事先安排好的会面活动,换言之,这些贤士们就是所谓的"不速之客"。不过,周文王并不认为这些"不速之客"打扰了自己的作息,反而借此表现出热忱,后来周公"一饭三吐哺,一沐三握发",就是效法周文王的做法。

当周文王被纣王囚禁在羑里时,正是散宜生等人厚赂费仲、纣王,才解救了周文王。不过,也不是所有归附周文王的人,都能够支持周文王的一切做法,如伯夷、叔齐等。《史记·伯夷列传》中说,周武王继承周文王的遗志,领兵讨伐纣王。伯夷、叔齐试图拦住周武王的车队,因无法阻止周武王,不食周粟而死。不过周武王未曾深责两人,这就是《需卦·上六·象》所说的:"不速之客来,敬之终吉。虽不当位,未大失也。"

历久弥新说名句

俗谚说:"礼多人不怪。"因为多礼而得罪的人确实少见,因为无礼而招祸的人却是比比皆是。

晋献公二十二年,也就是鲁僖公五年,晋国公子重耳因为骊姬僭杀太子申生一事,被迫逃亡到狄国。重耳在狄国待了十二年后，前往投奔齐国，后来又离开齐国，到了卫国。卫文公因为有其他事要处理，无暇理会重耳。重耳无奈离开了卫国，到了曹国。曹共公听说重耳的肋骨连成一片，于是在重耳洗澡时跑去偷看，重耳感到严重受辱，愤而离开曹国。曹国大夫僖负羁听说这件事，听从妻子的建议，准备厚礼为重耳饯行，并劝曹共公应该善待重耳，但是曹共公不予理会。重耳到了许多国家，又受到郑文公等人的无礼对待。

鲁僖公二十四年，重耳回到晋国即位，是为晋文公。晋文公即位后四年，领兵攻打卫国、曹国等，以报复当年所受的屈辱。晋文公七年，又与秦国合攻郑国，所幸郑国靠着烛之武的口才，才免于亡国之祸。

当晋文公攻打曹国时，他下令军队不许侵犯僖负羁与其家人，以报答僖负羁当初的厚待。《需卦·上六·象》说："不速之客来，敬之终吉。"确实有几分道理。

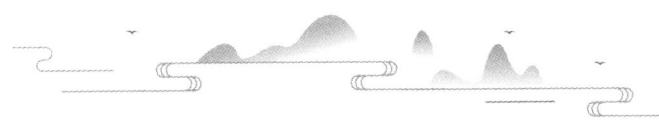

利见大人,不利涉大川

名句的诞生

讼,有孚窒[1],惕[2]中吉,终凶。利见大人,不利涉大川。

——讼卦·卦辞

完全读懂名句

1. 窒:窒碍不通。2. 惕:戒慎恐惧。

语译:讼卦象征了诚心有窒碍不通的现象。戒慎恐惧或许会有吉庆,但结果仍是凶兆。利于拜见居高位者,不利于渡过大川,有所作为。

名句的故事

姬息姑是鲁惠公的长子,他的母亲声子是惠公的侍妾,一说是继室。姬息姑长大后,鲁惠公替他安排了一桩亲事,没想到鲁惠公见准媳妇长得漂亮，居然霸占了她，并生下一个儿子姬轨。鲁惠公立姬轨为太子，不久之后，鲁惠公驾崩。国人因为姬轨年幼，不足以担当重任，于是拥立姬息姑为鲁国第十四代国君，他就是《春秋》一书所记载的第一任国君——鲁隐公。

鲁隐公觉得自己的父亲本来就打算让姬轨继位，自己只是暂代他的位置而已，所以一心等着姬轨长大，准备到时把国君的位子还给他。

鲁隐公当了十一年的国君，将鲁国治理得很好。这时，公子姬翚向鲁隐公进谗言："大王现在只是暂代姬轨的位置而成为国君，因此地位并不稳固。您如果愿意封我为丞相，我就会帮你杀了姬轨。"鲁隐公说："我确实是因为姬轨年少而暂代国君之位，等他长大，我就会自己在菟裘这个地方养老。你不用多说了。"

姬翚被鲁隐公拒绝后，生怕姬轨即位后，自己怂恿鲁隐公的事情会外泄，所以恶人先告状，对姬轨说鲁隐公不打算把王位传给他。姬轨很生气，就和姬翚合谋，杀了鲁隐公。鲁隐公的善意并未被姬轨知道，这就是《讼卦》所说的："有孚窒。"

历久弥新说名句

《庄子·人间世》中有一则寓言：颜回前去求见孔子，表达自己想要到卫国的意愿。颜回说："卫国国君正当壮年，个性专断独裁。卫国百姓因而痛苦不堪。我听老师说过，做人要像医生一样，尽可能帮助那些遭遇痛苦的人，所以太平的国家不用我们

协助,我们反而应该去帮助纷乱的国家。"

寓言中,孔子并未因为颜回的仗义而感到高兴,反而劝他不宜贸然前往。孔子说:"且德厚信矼,未达人气;名闻不争,未达人心,而强以仁义绳墨之言,术暴人之前者,是以人恶有其美也。"孔子的意思是,颜回的诚意并未被对方所理解,就想进谏对方,对方会认为颜回自以为高人一等,不但不会接受他的谏诤,反而会在盛怒之下,杀了颜回。孔子并举夏桀杀害关龙逄、商纣杀害比干等事为例,证明贤人不一定有改变暴君的能力。

有人认为,庄子是借孔子之口,说出自己的想法。这种说法并没有错。庄子的意思是说,谏诤要有谏诤的方法,才能达到《需卦》所言"有孚,光亨"的效果,否则只是成全自己的美名,不过就是《讼卦》的"有孚窒"罢了。

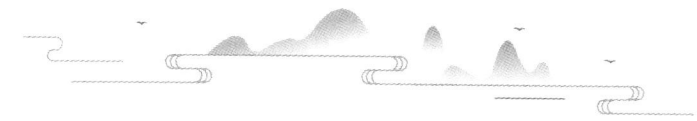

君子以作事谋始

名句的诞生

象曰:天与水违行,讼。君子以作事谋¹始。

——讼卦·象

完全读懂名句

1. 谋:策划。

语译:象传说:天和水相背而行,这是讼卦的卦象。君子从这个卦象可以领悟到一个道理,那就是做事之前要先谨慎地规划。

名句的故事

战国魏文侯曾经问过当时的名医扁鹊:"听说你家中的三个兄弟都是医生,是吗?"扁鹊说:"是的!"魏文侯又问:"那么在

你们三兄弟之中，谁的医术最高明？"扁鹊说："我的大哥医术最高明，二哥其次，我的医术则是最差的。"魏文侯说："你说的是客气话吧？据我所知，你才是你们家最有名的医生，不是吗？"

扁鹊说："就知名度而言，我确实胜过两个哥哥，但那是有原因的。我大哥能够在病人的疾病还没发出来之前，就治好了他们的病，所以大家不认为他的医术很好。我二哥则是在病人的疾病刚发出来的时候，就治好了他们的病，所以大家认为他只是能够治好小病的普通医生。至于我，总是到了病人很严重的时候才开始治疗。当人们看到我进行放血、针灸、用药等医疗行为，误以为我的医术高明，所以我的名气最响亮。"

《鹖冠子》里的这个故事和道家始祖老子的哲学思想相符合。《老子·第十七章》说："功成事遂，民皆谓：'我自然。'"老子认为好的领导者会事先规划并预防一切可能的弊端，使万事都自然顺利地进行，以至于政府看起来像是什么事也没做。若是没有《讼卦·象》中"作事谋始"的工夫，又怎么可能到达这种"无为而治"的境界呢？

历久弥新说名句

伊索是古希腊的著名寓言家。他说过一则故事：

有一只狐狸不小心掉到井里，这口井非常深，无论狐狸怎么努力，就是爬不出去。这个时候，有一只口渴的山羊来到井边。山羊看到井里的狐狸，就问他："这口井的水好喝吗？"狐狸听他这么问，心想机会来了，于是极力称赞井水的甜美："这口井的水实在是太好喝了，不但清凉，而且甘甜，是我这辈子喝过最好的水。你也下来喝吧！"

山羊一听，信了狐狸的话，毫不犹豫就跳下井。山羊喝饱了水，才发现自己没办法爬出井外。狐狸说："我有一个办法。你先趴在井壁上，我从你的背上爬出井外。然后，我再拉你上来，我们不就都得救了吗？"山羊觉得狐狸的办法很好，就照着做了。当狐狸顺利爬出去后，山羊大喊："好了！现在轮到你拉我出去了。"狐狸低下头，对着井里的山羊说："我的朋友，当你跳下水井之前，就应该先想清楚要怎么出去才对。"说完就走了。

伊索讲明这个故事的寓意是："聪明的人应该要先想到事情的结果，然后才去做。"这就是"作事谋始"的道理。

刚中而应,行险而顺

名句的诞生

彖曰:师,众也。贞,正也。能以众正¹,可以王矣。刚中而应,行险而顺,以此毒²天下,而民从之,吉又何咎³矣。

——师卦·彖

完全读懂名句

1. 以众正:以,率领。众,众人。正,动词,坚守正道。
2. 毒:治理。 3. 咎:过错、灾祸。

语译:彖传说:师,代表着众人;贞,代表着中正。能够用正道来领导众人,就可以称王了。内在刚健以对应外物,面对险阻仍求顺应天理,用这个道理来治理天下,就能得到吉庆,又怎么会有过错灾祸呢?

名句的故事

商朝自始祖契开国以来，经十四代而由成汤继位。成汤成为夏朝的一方诸侯之长后，首先征讨不敬鬼神的葛伯，强调对信仰的尊重。成汤又任用贤能的伊尹为相，悉心治理国家。

成汤是个仁慈的君王。他曾经在野外看到有人张网捕兽，心有不忍，下令网开三面。诸侯们听说这件事，都认为成汤是位恩及禽兽的仁君。成汤得到人心后，就决心攻打夏桀。

夏桀是夏朝最后一任君主，生性残暴，又自以为是。他曾经说："天上有太阳，就像我有人民一样。太阳不会消失，我也不会灭亡。"百姓听到这种话，都纷纷向上天祈求，愿意和夏桀同归于尽。

成汤颁布《汤誓》，声讨夏桀的罪状，之后誓师出发，在鸣条一地击败夏桀，把他流放到南巢。

成汤在亳地即位，统领天下。他公告了《汤诰》、《咸有一德》、《明居》等，要求各地诸侯及百姓要信守道德，而他自己则以身作则，用道德领导臣民。

成汤即位没多久，国内发生一场严重的旱灾。这场旱灾延续了七年之久，成汤感受到百姓的痛苦，决心把自己献祭给上天，祈求降雨。就在此时，天降甘霖，百姓的痛苦得到解除，成汤也因而成为后世君主的典范。

历久弥新说名句

"指桑骂槐"是《三十六计》中的第二十六计,原文是:"大凌小者,警以诱之。刚中而应,行险而顺。"意思是说,势力强大的要控制势力弱小的,就要用警戒的方法来加以诱道。内在刚健就能收服人心,行为果决就会做事顺利。

齐景公时,晋国、燕国等侵犯齐国,齐国因而陷入危机。齐国丞相晏婴推荐司马穰苴担任将领,抵御各国军队。

司马穰苴受命后,自认出身卑贱,不足以让他人信服,便向齐景公提出请求,希望由齐景公的宠臣庄贾负责监军。齐景公爽快答应了。

庄贾是个只会拍马屁的佞臣,仗着齐景公的宠幸,平时嚣张跋扈,自然也不把司马穰苴放在眼里。司马穰苴和他约好中午到达军营,但是庄贾只顾着和亲朋好友喝酒,很晚才到。司马穰苴立刻下令治他的罪,斩首示众。

原来司马穰苴早有打算。他知道庄贾一定不会重视军中纪律,正好可以借他的人头来树立自己的威信。不只如此,司马穰苴爱护士兵,又能够身先士卒,很快就赢得全军信任。晋国、燕国听说这件事,不敢和万众一心的齐军交战,自动交还所侵占的土地,司马穰苴就这么立下大功。

君子以容民畜众

名句的诞生

象曰：地中有水，师。君子以容¹民畜²众。

——师卦·象

完全读懂名句

1. 容：容纳。2. 畜：畜养。

语译：象传说：地底含藏着水，这是师卦的卦象。君子从这个卦象领悟到容纳人民、畜养群众的道理。

名句的故事

在《史记》一书中提及的名将有司马穰苴、孙子、吴起、白起、王翦、乐毅、廉颇、田单、蒙恬、李广、卫青等人。其中尤其以吴起最能收服军心见长。

魏文侯曾经向李克请问吴起的为人，李克说："吴起这个人，贪名好色，但是用起兵来，就连司马穰苴也不能胜过他。"听李克这么说，魏文侯就用吴起为将，攻打秦国。

吴起领兵出征时，和最下层的士兵吃一样的食物，穿一样的衣服，睡觉时不用席子，行军时不乘车马，亲自背着包裹，和士兵同甘共苦。有一个士兵生了烂疮，吴起亲自帮他把脓血吸出来，士兵的母亲听了这件事，就放声大哭。别人问她："吴将军这么照顾你的儿子，你为什么要哭呢？"士兵的母亲说："从前吴将军替我丈夫吸脓，我的丈夫为了报答他，因而战死疆场。现在他又来替我儿子吸脓，看来我儿子也要为了报答他而战死。我怎么能不哭呢？"

由于吴起能够得到军心，因此颇有战功。后来魏文侯驾崩，武侯继位。武侯到了吴起所治理的西河，对他说："这里的形势险要，真是魏国的宝物啊！"吴起以夏桀、殷纣为例，向武侯表示："在德不在险。若君不修德，舟中之人尽为敌国也。"意思是德政与民心才是最重要的。若不得民心，就到处都是敌人，空有险要的形势也没有用。吴起的想法可说是切合了《师卦》的意义。

历久弥新说名句

战国末年，韩国派水工郑国协助秦国开凿沟渠，用意在令秦国无暇攻打他国。后来秦始皇发现韩国的阴谋，非常生气，觉得从其他国家来的人，都是别有用心，于是下令驱赶所有非秦国出身的客卿。

楚国人李斯便在其中，他向秦始皇上了一篇《谏逐客书》，极力强调客卿的重要性。他举出许多例子，如秦穆公时的由余、百里奚、蹇叔、丕豹、公孙支，秦孝公时的商鞅，秦惠王时的张仪，秦昭王时的范雎等，强调他们对秦国的贡献，并在文末指出，驱逐客卿，就等于把人才送给其他国家。秦始皇看了这篇奏章，果然收回成命，恢复了李斯的官职。

在《谏逐客书》一文中，有几句十分精彩："泰山不让土壤，故能成其大；河海不择细流，故能成其深；王者不却众庶，故能明其德。"意思是说懂得包容，才能成功。

秦始皇后来能够统一六国，称霸天下，不能不归功于李斯的这篇文章。后人如果不能效法秦始皇的成功经验，用人选才时囿于地域观念，岂不是十分不智吗？

师出以律,否臧凶

名句的诞生

初六,师出以律,否臧[1]凶。

象曰:师出以律,失律凶也。

——师卦·初六

完全读懂名句

1. 否臧:不善。

语译:师卦的初爻是阴爻,军队行动必须严守纪律,纪律不明的话,就会招致祸害。

象传说:军队行动必须严守纪律,不守纪律是一种祸害。

名句的故事

公元前597年,楚国进攻郑国,晋国派荀林父率领三军救援郑国。当晋国军到达黄河的时候，郑国已经与楚国议和。荀林父听到这个消息，原本打算撤军，但中军副将先谷却坚持和楚国开战，并擅自带领偏师渡过黄河。

在《左传·宣公十二年》的记载，上军大夫荀首对荀林父说："此师殆哉。《周易》有之，在《师》之《临》曰：'师出以律，否臧凶。'"他的意思是说，军队没有纪律，就必然会遭遇失败。不过司马韩厥认为，偏师不听号令而战败，主将要负有极大的责任，不如一起作战，即使战败，责任也比较轻。荀林父听从了韩厥的建议，就领军渡过了黄河。

楚庄王当时正在军中，听到晋国军队渡过黄河的消息，打算班师回国。伍子胥的曾祖父伍参说："晋国的副将先谷不听号令，主将荀林父对他却无可奈何。在这种涣散的军纪下，晋国军队必败无疑。不如一战！"

当楚国和晋国对垒时，晋国将领魏锜请求和楚国作战，不被接受。后来，魏锜受命出使到楚国军营，魏锜却擅自决定和楚军交战。当楚军来袭时，晋军全无准备，因而大败。

这场战役使楚庄王取代晋国，成为春秋时代的新霸主，史称"邲之战"。晋国的实力原本与楚国相当，却因军纪不佳而惨败，这就是"师出以律，否臧凶"。

历久弥新说名句

对于楚晋邲之战，东汉大儒郑玄在《左传笺》中说："晋之

军政本严。自河曲之战，赵穿不用命，赵盾以偏私故，未曾律以军政，此后三军将佐，皆各自主矣。先谷之不用命，其由来盖有渐矣。"

郑玄所说的"河曲之战"记录在《左传·文公十二年》。秦军和晋军在河曲对峙，赵盾采用臾骈"以逸待劳"的计策。赵盾的同族兄弟赵穿好勇无谋，轻率出战。赵盾担心赵穿的安危，下令全面开战，双方不分胜负。后来赵穿又阻止晋军偷袭秦军，终于导致晋军的失败。对于赵穿一连串违反军纪的行为，赵盾选择了偏袒护短的做法，只处罚了一些无关紧要的人，晋军军纪的涣散就从这件事开始。

民间传说，明朝的抗倭大将戚继光曾经命令自己的儿子埋伏在花冠岩一带，要求他等到倭寇全数进入圈套后，才一举歼灭他们。没想到戚继光的儿子沉不住气，因而让部分倭寇逃走，戚继光因此斩了自己的儿子。这个故事并未记载在正史上，却表达了大部分人民对领导统御的看法——大公无私才能建立严明的纪律。

名句的诞生

九二,在师¹中,吉,无咎。王三锡命²。

象曰:在师中吉,承天宠也;王三锡命,怀万邦也。

——师卦·九二·象

完全读懂名句

1. 师:统帅,率师。 2. 锡命:赐与爵服的诰命。锡,赐。

语译:师卦的第二爻是阳爻,主帅身在军中指挥是吉利的,没有祸患过错。得到君王三次赏赐爵服的荣誉。

象传说:主帅身在军中指挥是吉利的,那是因为得到上天的恩宠。得到君王三次赏赐爵服的荣誉,那是因为能够维护国土的平安。

名句的故事

《史记·田单列传》中说,田单本来只是齐国都城临淄的一名小官。燕国将领乐毅攻入齐国都城,齐王逃到莒城,田单则逃到安平,后来又逃往即墨。

田单逃到即墨后不久,即墨大夫兵败而死,众人共推机智的田单为将领,抵抗燕国军队。田单使出反间计,散播乐毅的谣言,燕王因而改派才能平庸的骑劫为主将,取代了乐毅。

田单下令,城里的人在吃饭前,都要在庭院里祭祀祖先。附近的飞鸟见到庭院里有食物,都纷纷聚集在即墨城的上空。燕国军队因为不知道城里发生了什么事,都很讶异,猜想是不是有天神来帮助齐国人。

由于上一个计策已经收到了效果,于是田单又进一步宣布:"上天将会派一个老师来给我。"这时,有一个小兵开玩笑地说:"我就是上天派来的老师。"田单听到小兵这么说,立刻拜小兵为老师,然后无论他做了什么决定,都说是上天派来的老师所交代的,即墨城的军民都信以为真。

后来,田单见时机成熟,就用火牛阵击败了燕国军队,收复了齐国所有的失土。世上没有必胜的战争,胜利与否往往要依赖上天的眷顾。不过,像田单这样,能够营造出"承天宠"的气氛,真不愧是历史上知名的将领。

历久弥新说名句

《三十六计》的第三十五计是"连环计"。连环计的原文是:"将多兵众,不可以敌,使其自累,以杀其势。在师中吉,承天宠也。"意思是说,敌军众多,不可以硬抗,要让敌军自己牵制自己,减弱他们的气势。主将在军队中指挥,就会像得到上天宠爱一样顺利。

三国时的周瑜能够在赤壁击败曹操,靠的就是庞统所献的连环计。庞统游说曹操,让他把所有战舰都用木板、铁链等串连起来,表面是解决士兵晕船的问题,实际上是让周瑜使用火攻之计时,各战舰无法顺利分散脱逃。曹操以为冬季不会有南风,却没料到天气无常,终于在东南风大起时受了重创。

所谓的连环计就是用一个计策牵制敌军,另一个计策攻击敌军,它的根本原理在于使敌方自取败亡。对应之道在于《孙子兵法》所说的:"先为不可胜,以待敌之可胜。"不可胜的方法在于顺应天理人心,并竭尽所能。能做到这一点的话,就会如巴西著名作家保罗·科尔贺《牧羊少年奇幻之旅》中的一句话:"整个世界都会联合起来帮助你。"也就是能够真正的"在师中吉,承天宠也"。

大君有命，开国承家，小人勿用

名句的诞生

上六，大君¹有命²，开国承家³，小人勿用。

象曰：大君有命，以正功也。小人勿用，必乱邦也。

——师卦·上六

完全读懂名句

1. 大君：天子。2. 有命：颁布赏赐功臣的命令。3. 开国承家：分封大夫及诸侯。

语译：师卦的上爻是阴爻，天子颁布赏赐功臣的命令，分封大夫及诸侯时，不可以重用小人。

象传说：天子颁布赏赐功臣的命令，有功的人可以得到适当的地位。不可以重用小人，因为他们会造成国家的动乱。

名句的故事

《韩非子·内储说上》曾举出一个统御术的实例：战国韩昭侯手里拿着自己剪下来的指甲，却假装急着找它。他的左右亲信偷偷剪下自己的指甲给韩昭侯。韩昭侯立刻知道谁是会欺骗他的小人。韩非子称这种做法为"挟知而问"。

唐僖宗时，发生了黄巢之乱。朱温原本是黄巢的部将，后来投降唐朝，被赐名为全忠，因功封为节度使。唐昭宗时，宦官为祸，朱全忠带兵进长安，杀光宫中所有的宦官，因而得到皇帝的信任，独揽大权。朱全忠得势后，杀害了昭宗及哀帝，建国号为梁，成为五代梁的开国君主。

朱全忠虽然人品低下，却很懂得小人的心理。北宋文人，也是孔子四十七代孙孔平仲在《续世说·假谲》中提到，有一次，朱全忠和部下一起在一棵大柳树下乘凉。朱全忠故意说："这棵柳树长得真好，正好可以拿来做车轮中央的圆木。"旁边有人应和："说得对！柳树确实是很好的材料。"朱全忠听到这句话，非常生气，骂说："车轮中央的圆木用的是夹榆，怎么可以用柳树？真是胡说八道！"就下令杀死说这话的人。

好听的话人人都爱，但是做事需要真才实学，领导者怎能不知道这一点呢？

历久弥新说名句

诸葛亮在《出师表》对蜀汉后主刘禅说:"亲贤臣,远小人,此先汉所以兴隆也;亲小人,远贤臣,此后汉所以倾颓也。"诸葛亮还说,蜀汉昭烈帝刘备和他提及东汉的事情时,每每痛恨桓帝、灵帝宠幸小人的不当。

东汉桓帝姓刘名志,在位时放纵宦官为所欲为,士大夫李膺等人抨击宦官,被捕下狱,史称"党锢之祸"。

桓帝死后,灵帝刘宏即位,宦官为祸更烈。灵帝不引以为鉴,因此又发生第二次"党锢之祸"。灵帝一朝,先有曹节弄权误国,后有十常侍朋比为奸,以致天下大乱,张角等人组成"黄巾军",在各地起事。黄巾之乱被皇甫嵩平定,但是黄巾党残存势力的影响仍长达十年之久,汉朝因而元气大伤。

尽管诸葛亮再三叮咛,但刘禅始终是"扶不起的阿斗"。他听信宦官的言语,每每误事,终于导致蜀汉的灭亡。

其实小人并不难辨认,孔子就直指小人的特征是"巧言令色,鲜矣仁"。如果领导者能够认真考核部属的实际功绩,以此为用人的标准,那么这类只会拍马屁的小人自然销声匿迹。

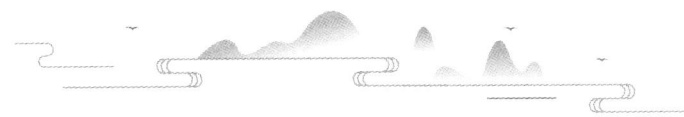

比之自内，不自失也

名句的诞生

六二，比¹之自内²，贞吉。

象曰：比之自内，不自失也。

——比卦·六二·象

完全读懂名句

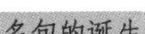

1. 比：和人交往。"比"字如两人相并，所以有结交的意思。
2. 内：指内心。

语译：比卦的第二爻表示，和人交往要发自内心，贞正就能得到吉庆。

象传说：和人交往要发自内心，这样就不会失去自我。

名句的故事

柳下惠，本姓展，名获，字禽，是春秋时鲁国人。从《论

语》中可以得知,孔子非常欣赏他的为人。孔子说:"臧文仲大概是个窃占官位的人吧?不然他怎么会不举荐贤能的柳下惠呢?"柳下惠曾经当过掌管监狱的官,却三次遭到免职。有人对他说:"你还是到别国去求发展吧!"柳下惠说:"如果我坚持自己的原则去做事,那么到哪里都会得罪人而遭到免职。如果我打算放弃原则的话,又何必要离开这里呢?"

《国语·鲁语上》中记载:鲁僖公二十六年,齐孝公出兵讨伐鲁国。臧文仲问柳下惠:"有没有什么说法可以劝齐国退兵呢?"柳下惠说:"小国要好好侍奉大国才能免除祸患。现在你治理鲁国时,处处表现出狂妄自大的态度,自然会触怒大国。现在说什么都没有用了!"听了柳下惠的话,臧文仲自然十分生气,柳下惠却也毫不在乎。

孟子称赞柳下惠为"圣之和者",意指他是最能与人和睦相处圣人。从柳下惠的行事作风来看,他绝对不会故意讨好他人。用真诚的态度和人交往,这应该就是柳下惠成为"圣之和者"的最大理由。柳下惠的做法,也替《比卦·六二·象》的"比之自内,不自失也"下了最好的注解。

历久弥新说名句

《三十六计》的第三十三计是"反间计",原文如下:"疑中之疑。比之自内,不自失也"。意思是说布下层层疑阵之后,就能让敌方的间谍为我所用。

使用反间计最成功的例子莫过于周瑜戏蒋干一事。《三国演义》里的这段故事屡屡被改编为戏曲，因而为世人所熟知。

故事要从曹操南下攻打东吴说起。曹操的军队本来不善水战，但任用了善于水战的降将蔡瑁、张允为统帅，这让周瑜十分担心。刚好曹操帐下的蒋干到东吴当说客，要游说周瑜投降。周瑜假作不知情，不但在蒋干面前宣扬军威，还故意留他在自己的帐中。

蒋干整夜辗转难眠，看到周瑜的桌上放着一封信，就偷偷拆开来看。里面居然写着蔡瑁、张允密谋刺杀曹操的消息。蒋干把信带回曹营，曹操在盛怒之下杀了蔡瑁、张允两人。事后才领悟到这是周瑜所使的反间计，密信的内容则是周瑜所假造的，但是为时已晚，两人的生命已经再也无法挽回了。

常言道："疑人不用，用人不疑。"曹操不能明白这个道理，所以中了周瑜的计，种下日后兵败赤壁的祸因。

君子以懿文德

名句的诞生

象曰：风行天上，小畜。君子以¹ 懿² 文德³。

——小畜卦·象

完全读懂名句

1. 以：用、利用，也有"效法"的意思。2. 懿：美化。3. 文德：文章、才艺、学养与道德。

语译：象传说：风运行于天上，这是小畜卦的现象。君子便利用这种精神，来增进、美化自己的道德品行，以及所处的社会环境之人文素养。

名句的故事

小畜卦的组成是下乾上巽，"乾"属刚健的天，"巽"为吹拂万物的风（或浓密的云），当风还未吹拂到地面而运行于天上时，正处于暂时性的酝酿时期，所以古人视为自然界正在积蓄力量的一种现象，但是这种现象的整体速度，是缓慢而不急迫的；是在不知不觉中逐渐形成的，这是"小畜"一词的由来。

君子也应当效法这种精神，亦即利用不疾不徐的速度，慢慢累积自己的才智、品性与道德，才能真正达到尽善尽美，并进而利用这种美好的德行，辅助世界万物的出生与成长。

历久弥新说名句

《杂卦》说："小畜，寡也。"《易传》中所提及小畜卦，总有沉闷、力量不足，甚至遭受阻止而无法前进的意思，但是也正因为积蓄不多而力量薄弱，往往能在历经长时间的沉潜与累积之后，蕴含更强大的势力。所以小畜卦强调的，并非像惊涛巨浪一般，大量又急切的涌入，而是如同深海的最底层，虽然看似平静，却着实隐含着一股浓厚又沉重的力量！

现代人也常说："蹲下来，是为了下一次能跳得更高！"这些思维都包含在《小畜卦·象》之中，尤其中国古代文人，总是极富浪漫的想像力，所以能借着自然界的一些现象，比附在平时的待人处世上。因此，战国的儒家学者借由"风行天上"这段话引起联想，认为我们应该趁着时机未到、还不能有大作为时，加强磨练，锻炼自己的才艺与德行。

另外，"君子以懿文德"可视为中国古代对君子的一种赞美，常出现在文学评论上的引用上。例如魏晋六朝的刘勰在《文心雕龙·程器》中说道："瞻彼前修，有懿文德。"意思是仰望前代的贤人，都具有美好的文采和品德，刘勰用此说明人若空有文笔或外表而没有才德，还有谁会把他当作栋梁之材的榜样。又《三国志·蜀书·许糜孙简伊秦传》提到，蜀国人秦宓是当时颇有名气的才子，他与人讨论写作文章时，谈及究竟该着重于朴实有深度的内容，还是富有华丽夸饰的文采。秦宓说："河、洛由文兴，六经由文起，君子懿文德，采藻其何伤！"并举孔子、屈原等人的作品为例子，说明充实的内容与美丽的词藻是可以同时拥有的，并不冲突。秦宓引"君子以懿文德"这句话，主要在强调，一个人能写出一篇文采飞扬、内容动人的文章，是他在培养自己的学识、文才与德行时，自然伴随产生的书写功力，而且对他日后的道德修养，也完全没有任何的损害，若只重视其中某一方面的能力，反而容易顾此失彼，出现认真写文章，却不能把意见与想法充分表达出来的缺点。

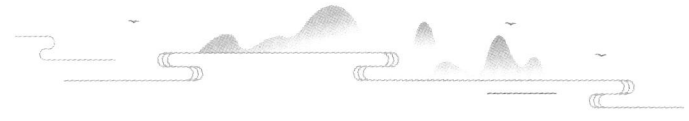

名句的诞生

九五，有孚[1]挛如[2]，富以其邻。

象曰：有孚挛如，不独富也。

——小畜卦·九五

完全读懂名句

1. 孚：诚信。2. 挛如：连系不断的样子。

语译：小畜卦的第五爻表示，把诚信的心扩展到其他地方，不仅使自己富有，也可以使附近的人受惠。

象传说：把诚信的心扩展到其他地方，不自私地独自享有。

名句的故事

舜是五帝之一，《史记·五帝本纪》记载，舜的父亲瞽叟十

分愚昧,母亲生性狡诈,还有一个不敬兄长的弟弟,名字叫做象。舜生长在这样的家庭,却一点都没有怨怼的意思,仍然尊敬父母,爱护弟弟,所以二十岁就因为孝顺而闻名于世。

舜不仅是个有道德的人,还能够感化他人。他曾经在历山耕种,历山的农人受他的影响而变得谦让。他曾经在雷泽捕鱼,雷泽的渔夫受他的影响而变得有礼。他也曾经在河滨制作陶器,旁人受他的影响而不会偷工减料,制作出来的陶器比其他地方还要精致。只要有舜在的地方,别人就会纷纷搬来住在他附近,所以舜在一个地方住上一年,那里就会变成村庄,住上两年,那里就会变成小城镇,住上三年,那里就会变成大都市。

尧听说了舜的德行,就把两个女儿嫁给他,看他是不是能够经营好自己的家庭。尧又给了舜许多试炼,舜都能不负所托,于是尧把天子之位让给了舜。

《小畜卦·九五》说:"有孚挛如,富以其邻。"强调真正的道德心必须推广到周遭乃至整个社会,而不只是独善其身而已。儒家有所谓"内圣外王"的说法,认为内在成为圣人,外在才有资格称王,说的就是舜这样的圣人。

历久弥新说名句

美国的思想家爱默生说:"快乐有如香水。当你把它洒向他人时,自己也难免会沾上几滴。"除了快乐之外,人的每一个念头都可以影响到周遭的环境。明人洪自诚《菜根谭》说:"疾风怒雨，禽鸟戚戚。霁日光风，草木欣欣。"在狂风暴雨的时候，鸟兽都会感到忧虑害怕，在风和日丽的时候，草木都看起来欣欣向荣。

公车上，只要有人起身让座，旁人就会给予鼓励的眼光，整部公车都因而充满爱心。换个场景，如果有两个人在吵架，那么其他人也都会用生气的眼光瞪着他们，心中暗骂这两个没有公德心的人，即使下了车，怒气恐怕都未消散。

有一个果农，培育出绝佳品种的水果。他仔细保护研发成果，不让别人得到新品种的种子。然而，这种新品种的水果只维持一年的绝佳水准。经过研究之后，他发现到，原来蝴蝶把别家水果的花粉传到他家的果树。于是，这位果农便把培植新果树的技术传给别人。此后，不仅该地每个人都能吃到好吃的水果，还研发出更好的品种，这就是"有孚挛如，富以其邻"的实证。

履虎尾,不咥人

名句的诞生

履¹,履虎尾²,不咥³人,亨。

——履卦·卦辞

完全读懂名句

1. 履:卦名。履行、行走或实践的意思。2. 履虎尾:在老虎尾巴后面行走。3. 咥:跌,咬、以牙啮啃之意。

语译:履卦象征循礼而行的处世态度,若能谨慎小心地行走在老虎尾巴后面,那么猛虎也不会咬人,这仍是吉利亨通的局面。

名句的故事

履卦的组成是下兑上乾。在八卦当中,"兑"是一个"至弱"

的卦，"乾"则是"至强"、"至健"，因为履卦将象征纯阳的"乾"放在上方，所以《易》的作者利用"老虎"的象征来比喻这种"赫赫刚健"的情况，当然也是一种充满危机的景象。然而，正因为在这样的局势下，与之配合的竟是既温柔又和顺的"兑"，当下方阴柔和顺的"兑"，能紧紧跟随在上方阳刚强劲的"乾"，使整体卦象呈现一幅遵循尊卑之礼、持守柔顺之道的"阴下阳上"的样貌，此本合于《易》以及普遍中国传统士人所强调的"阳尊阴卑"、"尊卑有序"的观念。

所以《易》的作者认为，履卦代表当下时机已经成熟，只要不违背常规常理，并以和顺谦卑的态度，适度表现当有的行为举止，那么即使是如"履虎尾"的艰难险境，也因为自身的谨慎小心，不致被猛虎所伤。这正是《杂卦传》所说："履，不处也。"所谓"不处"就是"动"，意指持续不断行进，所以履卦和它前面的小畜卦，是两个截然相反的卦义，小畜卦主张要知道何时该"止"，履卦则往往极力强调"行"的重要性。

当然履卦的卦辞也为"该如何行？""以何种态度行？"作了清楚的界定与规范，正如《尔雅·释言》与《说文解字》所解释："履，礼也。"一般，《易》所说的"履"，表面上除了意指行走、实践等义之外，若更向下深究它的意涵，则"履"又可引申为日常行为的准则与礼仪规范，换句话说，履卦虽然确实强调"行"，但是更主张循"礼"而行，而且各种的实践与行动，也必须秉持用柔不用刚的精神，只要能遵循这两个基本准则，纵使处在危险局势，也不致招来灾难与危害，甚至可获得成功与安泰，

这正符合《履卦·象》所谓"柔履刚也"。

履卦卦辞"履虎尾，不咥人"，反映《易》的作者对这个诡谲多变世界的深刻体认：在人生旅途上，必须事事皆秉持依礼而行的态度，谨慎小心、笃守正道，以和悦柔顺去应对外界一切过于刚强的人、事、物，那么，即便处于险境，仍能因自身态度得宜而化险为夷。这就好比行走在老虎尾巴后面，甚至踩到它的尾巴，也不会因此触怒老虎而被咬伤，这正是履卦所欲展现的"亨通"。

历久弥新说名句

俗谚："明知山有虎，偏向虎山行。"本是形容大无畏的勇敢与魄力，现代反而用来讽刺不知好歹、不自量力的愚鲁行为，因为处理任何事情之前，若不能清楚衡量利弊得失，往往招来作茧自缚、自毁前程的窘境。对比到履卦的"履虎尾"也是一样，紧随在老虎后面走路，甚至踩着它的尾巴，根本就是一件危险至极的事，如果猛虎没有回头咬你，当然是"吉利亨通"了！《易》的作者企图以如此奇特、极端却又甚为贴切的场景，来解决世人的疑惑："履虎尾"，好比人世间的客观环境；而让原本凶猛无比的老虎不咬人，则是日常生活中待人接物的高度智慧。若能适度抑制自己过于刚强的心境，并利用谦卑礼让的态度来面对阳刚的外在势力，即便不幸必须"履虎尾"，那也不会有什么大碍。

《易》的处世哲学与历代学者的观念，基本上是一贯相通的，首先,《尚书·君牙》说:"心之忧危,若蹈虎尾,涉于春冰。"强调真正有智慧的贤人能臣,行事风格总是像踩到老虎尾巴、走在春天即将解冻的薄冰上一样地小心翼翼。《尚书》言下之意,与履卦此处想表达的意思大致相同,亦即以谦卑、谨慎的态度应付外界的各种状况。"虎尾春冰"一词便由此衍生而来。

另外,主张循"礼"而行最卖力的孔子,在说明"君子三戒"时也强调:"及其壮也,血气方刚,戒之在斗……"(《论语·季氏》)人们到了血气方刚的青壮年时期,常因自身过于阳刚的个性,而犯了容易逞怒斗殴的毛病,所以这个年纪的君子必须时时自我警惕。这与"履虎尾,不咥人"的最终目的相似,都是希望站在整体环境能维持和谐、稳定的立场上,期待君子向内自省,以达到化干戈为玉帛的最佳局面。

再来看看道家"柔能克刚"的思维,《老子·第四十三章》:"天下之至柔,驰骋天下之至坚。"天底下最柔弱的东西,往往能够驾驭最坚韧强硬的事物;《老子·第五十二章》:"守柔曰强。"秉持柔弱的姿态,反而才是真正"强"的表现;《老子·第七十八章》:"弱之胜强,柔之胜刚,天下莫不知、莫能行。"认为弱胜强、柔胜刚,这是无人不知、无人不晓的道理。上面三例,都与《老子·第三十六章》的"柔弱胜刚强"意思相同,也切合于履卦想表达的"以柔克刚"的含义。

《庄子》也将"履虎尾,不咥人"的精神,描述得很传神。在《庄子·人间世》中,借由卫国大夫蘧伯玉与鲁国贤人颜阖的对话,暗示身处人心险恶社会的应对之道:"虎之与人异类,而媚养己者，顺也；故其杀者，逆也。"说明老虎虽然与人不同类，却会向饲养他的人摇尾乞怜，这是因为养老虎的人，能顺应老虎的性子，而那些遭到虐杀的人，则是触犯了老虎的性情。

故事中的颜阖，因为准备要担任卫灵公太子的师傅，所以紧张地向蘧伯玉求救。蘧伯玉以训练老虎这一套工夫作说明，所谓"伴君如伴虎"，蘧伯玉利用养老虎的哲学，来暗指服侍国君的道理已呼之欲出，还可以概括到整个人生处世接物的态度。毕竟具有野性的老虎，天生就凶残嗜杀，既然往后必须朝夕相处，当然千万不可激发虎性，反而该慢慢顺其本性，想办法调伏它，所以精通养虎的人，绝对不会像螳臂挡车一样以硬碰硬，而是谨慎的顺应兽性，循序渐进地诱导它。

人与天地万物生活在同一世界，与其最后闹得"骑虎难下"，何不深思"履虎尾，不咥人"的意义并加以运用。

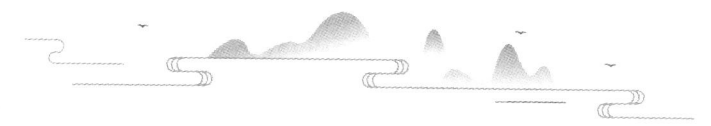

小往大来

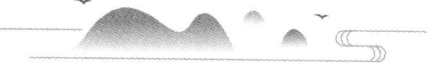

> 泰[1]，小往[2]大来[3]，吉，亨。
>
> ——泰卦·卦辞

完全读懂名句

1. 泰：卦名。成功、通达、安泰稳定的意思。2. 小往：出外曰往，指坤卦居外，坤为阴、为小。3. 大来：在内曰来，指乾卦居内，乾为阳、为大。

语译：泰卦象征通畅、安定的情况。当阴柔弱小的力量由上往下离开，刚健强大的力量自下而上进来时，代表险恶的境遇过去了，福泰安康即将接踵而来，所以这是一个吉利、亨通的卦象。

名句的故事

在《易》的内容中,"阴、阳"常常可以和"小、大"、"地、天"与"柔、刚"等涵义互相配合,而泰卦的组成是下乾上坤,"坤"是阴、是地、是小,在这里代表"小人"或险恶的环境,"乾"是阳、是天、是大,代表"君子"或安稳顺利的日子。

泰卦承接履卦发展而来,卦象却与履卦恰恰相反,它将象征"天"的乾阳置于下、象征"地"的坤阴置于上,看似颠倒了一般常理中的上、下等级次序,但是这种表面形式上的颠倒与违背,正是中国哲学家最惯用的描述方法,因为本来就在上方的天气(乾)若是不断上腾、而本来就在下方的地气(坤)不断下降,那么"天地"、"乾坤"永远无法相互交融。而此处"乾"、"坤"二者虽看似颠倒相反,实际上却是互相依赖,使彼此之间不断地交通往来,形成一"相反"却又"相承"的运动模式,以达成整体形势通畅平安。

另见《泰卦·象》:"天地交而万物通也,上下交而其志同也。"当天地间的阴、阳二气能有规律地运动交融,自然界的万事万物也会因此展现畅通、和谐的状态。比喻在人事的消长变化上,即是阴暗处渐渐消失、光明面逐渐增大,形成一派政通人和的荣景。

所以,若是将"小往大来"应用在中国古代政事上,即是指统治者已将佞臣、小人降职或往外调派，让贤能、正直的君子返回朝廷内部，如此一来，在上位者推诚布公地任用贤良有德者，而贤者也能竭尽所能地事奉国君，朝廷政事自然稳固，朝廷稳固之后，则天下安泰。另外，后世也将"小往大来"应用在商业行为上以说明：利用最小的成本，以求取最大的利益。

历久弥新说名句

春秋时期，晋献公之子重耳因父亲立幼子为嗣，流亡国外十九年。后来重耳到了秦国，秦穆公热烈接待他，并把五个女子许配给他，其中包括秦穆公的亲生女儿怀嬴，于是重耳就在秦国的援助下回晋国继位。《国语·晋语》记载晋国史官为重耳占卜，卜问重耳是否适合担任国君，得到的结果是："是谓天地配亨，小往大来。……"史官告诉重耳，这种卦象是个好征兆，只要重耳能在天时、地利、人和的情况下回到晋国，便可掌握大权、重整国政。日后重耳继齐桓公之后成为建立霸业的霸主，在历史上与齐桓公、宋襄公、秦穆公、楚庄王并称"春秋五霸"。

君子道长,小人道消

名句的诞生

内阳¹而外阴²,内健而外顺,内君子而外小人;君子道长³,小人道消也⁴。

——泰卦·象

完全读懂名句

1. 内阳:泰卦的内卦为"乾卦",是刚健坚强的"阳卦"。下文的"健"、"君子"也皆是指此。2. 外阴:泰卦的外卦为"坤卦",是阴柔顺从的"阴卦"。下文的"顺"、"小人"皆是指此。3. 君子道长:君子之道逐渐增长。4. 小人道消:小人之道日渐消亡。

语译:内卦的乾体刚健,外卦的坤体柔顺,象征君子居于内而小人处于外,使君子之道日渐增长,小人之道逐渐消损。

名句的故事

泰卦是将自然界的规律与社会人事的规律融合在一起的明显例子，也是《易》作者心目中最理想的状态或时代。在《易》的阴阳消长理论里，一个正常社会，不可能只存在君子而无小人，也不会只有小人而无君子，所以君子和小人这个处于对立关系的二者，本是理所当然的共同生活在现实社会中，且总是不断互相依存与消长。若是硬生生固定这种运作关系，"君子"与"小人"必然处于绝对对立的矛盾状态，日渐僵化的结果，就是持续的相互斗争、永无宁日，不仅无法产生共识，也缺乏为国家付出的向心力。

反之，若能善用人事上往复交替的规律，使君子得到信任与赏识、小人遭到疏远与冷落，国家自然能够顺畅运作，不致上下隔绝、阻塞不通，进而达到和畅无间的最佳状态，这正是《易》强调的国家与社会的进步方式，也是古代追求"整体和谐"的一种高度智慧。

所以《泰卦·象》此处强调的"政通人和"，并非完全杜绝小人，也不是否认小人的存在，而是主张让品德高尚、个性正直的君子居于内庭任职及主事，使邪道、小人被排斥在外庭，处于服役、从属及受支配的地位；让君子的势力占上风，小人的势力困退，上下、尊卑各种位阶与等级，也能各居其所，君臣的感情得以交流，观念得以沟通，一致为"安邦定国"的目标奋斗。

历久弥新说名句

《汉书·楚元王传》记载，刘向有感于楚元王刚即位，不能清楚分辨属下的善恶忠奸，恐怕朝政会被谗邪小人所把持，因此上书进谏元王，谏书中提到："《易》有'否'、'泰'。小人道长，君子道消，君子道消，则政日乱，故为'否'。否者，闭而乱也。君子道长，小人道消，小人道消，则政日治，故为'泰'。泰者，通而治也。"刘向援引《易》对否、泰二卦的解释，说明升平治世与败德乱世的分别，用以劝诫元王，必须深谙识人之术，并抱持果断明确的心态，任用贤臣与君子、疏远小人与佞臣。

此外，西晋文学家傅咸，曾作诗咏叹《易》："卑以自牧，谦而益光。进德修业，既有典常。晖光日新，照于四方。小人勿用，君子道长。"这首《周易诗》以短短数语，道尽《易》的精神，并肯定它在政局、人事判断上的真知灼见，尤其提到"小人勿用，君子道长"这选才任人、稳定社会秩序的八字箴言，作为全诗的总结。

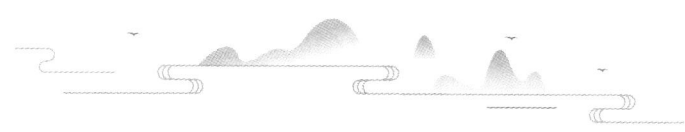

名句的诞生

初九,拔茅茹[1],以其汇[2],征[3]吉。

——泰卦·初九

完全读懂名句

1. 茅茹:"茅"指茅草,是多年生的草;"茹"指植物根部互相牵连,在此指相连的茅草根。2. 汇:同类。"以其汇"即是"以类相从"、"同类相聚"之意。3. 征:前进、前往,可引申为"在朝为官"。

语译:泰卦的初爻,就像拔茅草般,拔一株茅草则将其他同类的根须也连带拔起,象征一群人一起进行某件事,将会顺利达到成果。

名句的故事

《泰卦·初九》爻辞以"拔茅茹"这个动作作为譬喻。因为茅草的根须在土壤深处纵横生长,这"地下根"像它的"茎"一样发达,密布鳞片,不易根除。茅草不仅繁殖力特别强,而且拔了这株茅草,必然连带将其他茅草一同拔起,乍看之下,好似多株茅草同根相连。《易》以此象征意志坚定的君子与志同道合的人,当他们一起进行有利于朝廷或众人的事,将会得到好结果。

另外,由于泰卦的整体形势本是"天地交泰",而初九以"阳爻"为初位,使阳刚的部分居下,表示阳气虽未全盛,但正值天地交泰方盛之时,是即将通达安泰的开始,必然会向上进发,而且不但自己上进,还连带"九二"、"九三"。此爻辞联想到茅草之根相连的情状,并运用"拔茅茹"的动作当比喻,说明《泰卦·初九》当与其上第二、三两"阳爻"协同前行,方可通泰而无往不利。

这若运用在现代社会中,可以表示一个新的起跑点即将来临,只要集合有志一同的人士,团结力量,勇敢前行,并果断地去除一切阻碍,奠定巩固事业的基础,前途必然无可限量。

历久弥新说名句

《国语·周语下》记载,春秋末年的周景王,打算铸造一口极大的钟，但是他的乐师州鸠表示反对，认为此举必然劳民伤财，所以州鸠以"众志成城，众口铄金"劝诫景王。日后这也成为耳熟能详的成语，比喻众人团结同心，产生强大、坚固的力量，足以抵御现实生活中的各种困境。

《泰卦・初九》的"拔茅茹，以其汇"，也与"众志成城"有相似意涵，因为真正的君子正如此爻辞所言的"茅草"，除了自己不断向上，还会引导同类一起前行，当相同的好事物汇聚并出，当然就是"吉"了！

魏晋的葛洪好炼丹、神仙道养之法，在著作《抱朴子・名实》中提到："拔茅之义圮，而负乘之群兴。"认为正直的君子会互相帮助、提拔同道，如果这种风气日渐衰落，小人就会结党营私、互相掩饰过错，占据君子在朝廷中的位置，让能人贤者彷徨无依，暗自饮泣……在这方面，《抱朴子》可说是将《泰卦・初九》的义理，强而有力地从反面来立论。

后来"拔茅茹，以其汇"也衍生出成语"拔茅连茹"，比喻在互相推荐之下，任用一个人就会连带引进许多人。又或者比喻发生一件事，连带引发许多原本未预料到的事。

包荒，用冯河

名句的诞生

九二，包荒[1]，用冯河[2]；不遐遗[3]，朋亡[4]，得尚[5]于中行[6]。

——泰卦·九二

完全读懂名句

1. 包荒：无限宽广的大度包容。包，包含、包容；荒，极为广大。2. 冯河：徒步涉水过河，引申刚决果断地勇往直前，或勇于改革。冯，此通"凭"，涉越、渡过。3. 遐遗："不遗遐"的倒装，即"不弃遐远"，不遗弃身在远方或被疏远的人。遐，远；遗，遗弃。4. 朋亡：不结党营私。朋，朋党；亡，今日写作"无"，没有的意思。5. 尚：重视、崇尚，或"主动配合"。6. 中行：遵循中庸、中正之道而行。

语译：泰卦的第二爻，象征胸襟广阔无私、器量宽宏的臣子，能够跨越险阻，勇往直前；不仅不遗弃远方之人，也不私结朋党，而是重视高尚的中正之道。

名句的故事

九二是泰卦的"主爻"，它主道一卦之义，所以当泰之时，如何处理天下国事，主要反映在这一爻上。此爻以阳刚的性质居于下卦的中位，象征着态度温和、度量宽宏而行事又能刚毅果断的大臣。

包荒、用冯河、不遐遗、朋亡，可视为四种优秀的品德，也是《泰卦·九二》所强调"治泰之道"的四项主要内容。因泰卦虽象征"通泰"，但为人臣子者仍不可忘，在此天地交泰最盛之时，秉持宽阔兼容的器度，发挥不畏艰困、果敢行事的勇气，持守中道以辅佐国君。换句话说，唯有做到这四项，才可越过险境、助成愿意行使中道的贤德君主，真正合于"九二"之德，使治泰之世历久不衰。

若运用在今日社会，对象不仅限于治国官员，因为不论是家庭、企业或政府，顺泰的日子过久了，安逸苟且所招致的怠惰往往随之而来。所以，这句话就是要告诫世人，为了避免安泰之后的日渐衰退，时运正盛时必须好好把握，甚至在良好基础上进行变革。《泰卦·九二》的爻辞中，便提供延续太平盛世的方法，诸如：胸怀广阔地接纳外界、鼓起勇气改革陋习，以及切勿因近忘远等，在现代社会落实这些处世原则，仍是十分受用！

历久弥新说名句

"包荒"一词可比喻笼括万物、器量宽大的胸襟。明代袁了凡的《了凡四训·立命之学》中提到:"务要积德,务要包荒,务要和爱,务要惜精神。……此义理再生之身也。"作者以与云谷禅师的问答作为自家庭训,劝勉后世子孙修福积德、包容他人、和气待人,爱惜自己的身体与精神,如此才能重塑一个超越寻常血肉而重道德、尚仁义的再生之身。

另外,"冯河"原是指徒步过河(近世也有学者透过考证,认为"冯河"是古人利用枯干的葫芦瓜作为救生设备来浮水渡河),可比喻涉越险阻,或反指匹夫之勇、有勇无谋。《论语·述而》记载:子路问孔子,若是孔子能率领三军出征的话,将会选择谁一块去,孔子听了便知道子路的心思,故说:"暴虎冯河,死而无悔者,吾不与也。"意思是赤手空拳打老虎,徒步涉水渡河,即便死了也不悔悟的人,我是不和他一道的。孔子借此语来责备子路的好勇无谋。

无平不陂，无往不复

名句的诞生

九三，无¹平不陂²，无往不复；艰贞³，无咎⁴；勿恤⁵其孚⁶，于食⁷有福。

——泰卦·九三

完全读懂名句

1. 无：古代"無"字，"没有"之意。2. 陂：同"坡"字，指倾陡、不平坦的斜坡或丘陵地。3. 艰贞：处境艰难时，仍能秉持正道。4. 咎：过错、灾咎。5. 恤：忧虑、担忧。6. 孚：诚信，"其孚"指保持诚信。7. 食：食禄，即俸禄与官职。

语译：泰卦的第三爻，说明不是所有的地形，都是平坦而没有斜坡；万事万物在过往之后，一定会再折返或回复。在艰困中坚守正道，则可以免去灾难与祸患；只要秉持"诚信"的做人原则，则无须太过于担心眼前的困境。如此一来，自然能度过险

难,并保有自己的官职、俸禄与福庆。

名句的故事

《泰卦·九三》位居"下乾"之最终(下方卦位的最上端),准备开始向"上坤"转化(朝上方卦位转进),可以说是正处于"一卦之中,又将过中"的上、下二体交际之处,所以此爻的卦象,具有"转折"、"变迁"的意涵,它象征阳刚的属性或通泰的局面,即将转为阴沉与闭塞,若继续往下发展,则盛极必衰。因此,《易》作者以爻辞警惕世人:筮得此爻,必须知道这是一处转折点,也应当充分了解到,世间没有绝对的长期安泰,所以必须居安思危,不可处泰忘忧,如此才能在险阻的环境中避免祸患,保住自己的食禄与幸福。

不过《易》也告诉我们,虽然《泰卦·九三》,象征通泰即将转化为闭塞,但是千万不要因为得到这样的占问结果而过分忧虑,因为这种"泰极反否"由泰而否的发展局面,本是现实世界中不断反复循环又不可抗拒的自然规律。只要明白这个道理,并在面对艰困处境时,所作所为仍秉持正道、保持诚信,持续谨守上述几点原则,自然时来运转,"否极泰来",终能度过险难。

历久弥新说名句

《泰卦·九三》所谓的"平不陂,往不复",本指世间没有绝对平稳、顺利的事物,也没有永远舒适、安逸的时光,借此告诫世人:事情再顺利,也会出现小起伏。利用自然界事物来比喻人事兴衰变化,是古人善用的方式。例如古代因黄河时常改道,于是有形容"风水轮流转"的"十年河东、十年河西"俚语,借喻人事兴替上的变化无常。

古代学者总认为,这类看似无常的兴衰变化,其实正是自然界甚至天道循环的客观规律。一旦通晓这个道理,并把握它的运动规则,那么万事万物再如何变幻莫测,仍有迹可循,且具有一定的因果必然性。《老子·第十六章》:"万物并作,吾以观复。"便认为天地万物的生长、消亡,看似杂乱纷繁,但若能秉持清明虚静的心灵,足以清楚地观察到它们蓬勃发展背后的共同根源与运作规律。

明代的刘基有一篇著名文章《司马季主论卜》,文中提到,东陵侯因秦朝灭亡而被废黜,在遭遇此番挫折之后,求助于司马季主,希望司马季主能为他占卜,故问道:"吾闻之:'蓄极则泄,闷极则达,热极则风,壅极则通。一冬一春,靡屈不伸;一起一伏,无往不复。'仆窃有疑,愿受教焉!"

其实东陵侯要问的这句话已清楚表达:天道虽然无常,却是一种客观的自然规律。然而东陵侯虽然听说过此论点,但没有真正的体悟。面对这样的提问,司马季主回答:"一昼一夜,华开者谢;一春一秋,物故者新;激湍之下,必有深潭;高丘之下,必有浚谷。"他认为不论是日夜交替、花开花落、季节变换,或者是物极必反,都是我们无法改变的自然界运行法则,至于"在急流下面，必定藏有深潭，高山下面，必定还有深谷"，也属于自然界中，必然的因果关系。

刘基借由这则故事，说明天道虽然无常，但是盛衰祸福在冥冥之中仍有一定的相互关联性，所以不可过度迷信命运，但也无须患得患失，最该注意的，反而是自身应有的反省与正确的作为。由此看来，刘基假托司马季主所说的这句话，正非常贴近《泰卦·九三》的本意！

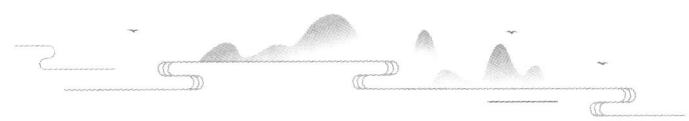

帝乙归妹,以祉元吉

名句的诞生

六五,帝乙¹归妹²,以祉³元吉。

——泰卦·六五

完全读懂名句

1. 帝乙:殷高宗,即商代纣王的父亲。2. 归妹:嫁女。归,女子出嫁。3. 祉:福,福庆、福祉。

语译:泰卦的第五爻,象征帝乙将他的妹妹下嫁给诸侯,因此在上位者与下属之间相处融洽,从而得到福泰安康。

名句的故事

《泰卦·六五》,处在六爻之中,仅次于"上六"的位置,具有"崇高"、"尊贵"的意味。虽然"六五"象征"国君"一般的尊贵地位,但因本身属性是阴柔的"坤",从而形成"位极尊"却"性极柔"的状况,若不能改善,国君之尊位恐怕无法久居。所以它必须向下与具有阳刚属性的"九二"一爻相应,亦即居于尊位却能屈己之尊,而顺应九二之阳,如此的阴、阳相应与上、下交通,才能趋于"通泰"而获得大福大吉。《易》将上述的现象,利用"帝乙归妹"作为比喻,借此说明在上位者若是愿意放低姿态,诚恳地向下求取贤者的回应,自然能得到福泽而大获吉祥。

在商朝帝乙的时代,殷商王朝受东夷、西戎的侵略,国况日下。后来终于盼到周族人民愿意归顺殷商王室,所以,商朝统治阶层认为,若能与周族结盟,便可合力对抗戎、狄。另一方面,当时的商代国君,也真的十分赏识周族的公亶父(《诗经》及《史记》中的"古公亶父"),因此决定将自己的妹妹,嫁给公亶父的小儿子季历为妻。如此一来,商、周双方获得政治上的联姻,彼此也建立稳固的关系。

古代帝王的妹妹或女儿下嫁臣子,对帝王本身而言,是降低自己尊贵的地位。这样放下身段的动作,若能求得忠臣、贤者,并在统治天下的过程中,获得真正的治泰,可说是一种双赢的局面。所以《易》认为,此举是得到福泽的征兆,故在《泰卦·六五》的爻辞中引"帝乙归妹"一事,体现君臣之间相处融洽进而团结同心的治国之术。

历久弥新说名句

《泰卦·六五》的爻辞可视为古代帝王招纳贤臣的治术，因而常被后人引用，如汉代荀悦在《汉纪·孝宣皇帝纪》中提到，古代国君尧为了测试虞舜的人品，把两个女儿嫁给他，而舜不但教导她们为妇之道，还让她们心甘情愿放下原本尊贵的地位，搬到妫河边的小屋与舜同住。因此，荀悦以"帝乙归妹，以祉元吉"称许这整件事情。

另外，《后汉书·杨震列传》记载，杨震的孙子杨赐曾侍奉东汉灵帝，他为了规劝灵帝重视民生百姓，并说明国家的兴衰不是来自天灾异象，而是受到君王的作为所主导，于是在劝谏中提到"崇帝乙之制，受元吉之祉"，便是化用《泰卦·六五》爻辞的典故，以申论自己的见解。

由此可见，虽然《易》主张上下、尊卑等级有序的政治观与伦理观，但是为了成就国家或事业上的政通人和，一方面强调凡事必须顺其形势、自然发展，另一方面也一变传统观念，而让尊卑关系产生良性的协调与互补，以维持政治或家庭系统的稳定和谐。

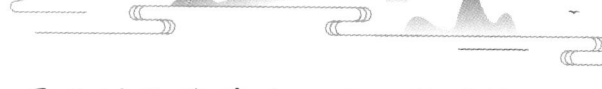

君子以俭德辟难,不可荣以禄

名句的诞生

象曰:天地不交[1],否。君子以俭德辟[2]难,不可荣[3]以禄[4]。

——否卦·象

完全读懂名句

1. 交:交融感应。2. 辟:通"避",躲避、走避。3. 荣:荣华。4. 禄:利禄。

语译:象传说:天地之间的阴阳二气不能交通往来、万物彼此对立而不能相互感应,这是否卦的卦象——"闭塞不通"。此时君子应该把崇尚俭约的良好德行,作为修养身心的准则,并利用这个时间来躲避危难,千万不能以追求利禄为荣。

名句的故事

否卦的组成是下坤上乾,象征上下不交、阴阳不合,事物陷入阻塞不通，推演到人事上，则呈现天下纷乱、小人当道，而君子不能得志甚至身处险境的局势。《否卦·象》认为，当筮得这样的占问结果时，君子要有自知之明，明白此时并不利于正道的施行，应暂且沉潜一阵子，等待下一个实现理想的机会。

为此，《否卦·象》提供一套应对与自保的生存守则："以俭德辟难，不可荣以禄。"因为身处乱世，纵有满腔抱负与热忱，也难保不遭嫉妒而受害丧命，故君子应当收敛才华、学习如何俭约，不要贪求名利仕禄、眷恋荣华富贵，如此才能避开灾祸。

历久弥新说名句

"君子以俭德辟难，不可荣以禄"，其意涵可发展成两个面向：第一，涵养俭约的德行。《尚书·大禹谟》记载，勤于国政的大禹，虽然坐拥天下，但在日常生活上却十分简朴，故称许道："克勤于邦，克俭于家"，认为古代圣贤之所以能作为天下百姓的表率，是因为他们总是勤于国政、布衣粗食，怀抱着"人饥己饥，人溺己溺"的治国理念。唐代李商隐的诗作《咏史》中也有："历览前贤国与家，成由勤俭破由奢。"小到家庭，大至邦国，无不是兴于勤俭，亡于奢靡，这是每个持家治国者都应该戒慎警惕的历史教训。

第二，勉励君子在处境艰难时，仍要洁身自爱，不要受到利禄的诱惑而丧失自己的人格操守。孔子在教导弟子时，常有这方面的诫勉之语，《论语·泰伯》："天下有道则见，无道则隐。"认为天下太平时，就该出来做官，以宏扬正道，反之，则隐居不仕，但仍需持守应有的德行。《论语·卫灵公》则以"邦有道，则仕；邦无道，则可卷而怀之。"称赞蘧伯玉，能在政治清明时为官，也能在政治黑暗时将自己的才能收藏起来。另外，《孟子·尽心上》也曾说："得志，泽加于民；不得志，修身见于世。穷则独善其身；达则兼善天下。"又《孟子·滕文公下》："居天下之广居，立天下之正位，行天下之大道。得志与民由之，不得志独行其道。"强调君子在得志时，应当帮助人民、实行治国大道；不得志时，则退居幕后，修养自身的品德。

"君子以俭德辟难，不可荣以禄。"成为后世学者困顿不得志时砥砺自己的座右铭。它虽然极力劝勉君子，务必有才不张扬、有德不显露，但并非要远离社会，当个不问世事的隐士，而是暂时隐遁避难，慎选足以顺应纷乱局势的生活方式。

其亡其亡，系于苞桑

名句的诞生

九五，休¹否，大人吉；其亡²其亡，系³于苞桑⁴。

——否卦·九五

完全读懂名句

1. 休：停息、休止。2. 亡：败亡、灭亡。"其亡其亡"是自警之辞，指期许自己不因危险而败亡。3. 系：系结、维系。4. 苞桑：形容茂盛的桑枝。桑，桑树；苞，苞草，草名；一指丛生、茂密状。

语译：否卦的第五爻，象征否塞不通的情况即将停止，此时掌握权力或处理政事的"大人"，可以获得福吉与好运，但仍要时时警惕自己："还是会有危险，千万不要再自陷险境而败亡啊！还是会有危险，千万不要再自陷险境而败亡啊！"只要记取教训，保持戒慎危亡之心，事业或地位就能如同丛生的桑树般稳固。

名句的故事

否卦通常象征事物有所隔阂而阻绝不通，应用在人事上，则是每每事与愿违、无法成功。但若是占得《否卦·九五》爻位，表示这些困境与劣势即将停止，大致上已能获得吉祥如意。不过《易》作者强调，此时的情势虽有转机，却并未完全脱离困境，仍然潜伏着许多危机与险阻，所以必须不断自我提醒，不可掉以轻心、如此一来，自己的处境才能像系结于丛生的桑树一样，坚韧不拔、安然无恙。

事实上，《否卦·九四》即已开始往"通泰"的方向转化，发展至"九五"，闭阻不通的局面才真正达到尽头而将终止，这即是说，《否卦·九五》是由否塞转向通达、安泰的重要完成阶段。尤其九五是否卦的"主爻"，它象征阳刚、中正且居于尊贵地位的属性，所以有拨乱反正、扭转劣势的力量，只要运用得当，不论多么艰困的事业，都能在此时获得转机。

尽管如此，《否卦·九五》的爻辞仍提出警告，虽然获得吉祥通泰的情势指日可待，但整体情况仍不是相当稳定，良好的机运也随时有失去的可能，所以戒慎危亡之心不可无，安逸自恃之情不可有；面对这般情势，必须居安思危；处理这般情势，必须刚决果断。如此一来，方能真正顺利完成"朝向安泰"的转变，成就所谓"大人"的事业！

历久弥新说名句

《易·系辞下》提到："危者，安其位者也；亡者，保其存者也；乱者，有其治者也。是故君子安而不忘危，存而不忘亡，治而不忘乱。是以身安而国家可保也。《易》曰：'其亡其亡，系于苞桑。'"此处所论述的观点，皆在强调"忧患意识"的重要性，可视为《否卦·九五》的补充说明。关于忧患意识，《礼记·中庸》便有言："君子戒慎乎其所不睹，恐惧乎其所不闻。"认为真正的君子是连在独处的时候，都会警戒谨慎、畏惧惶恐。

此外，《孟子·告子下》的"生于忧患，而死于安乐也"，以及宋代欧阳修《新五代史·伶官传序》中"忧劳可以兴国，逸豫可以亡身"，均与"其亡其亡，系于苞桑"的忧患意识相呼应。

大过,大者过也;栋桡,本末弱也

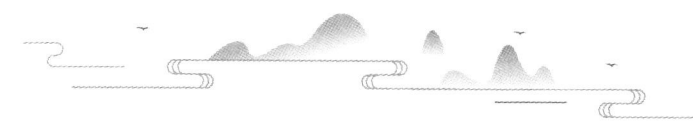

君子以类族辨物

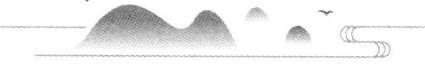

名句的诞生

象曰：天与火¹，同人²；君子以类族辨物。

——同人卦·象

完全读懂名句

1. 天与火：指同人卦的上乾为天、下离为火。2. 同人：会同众人的意思。

语译：象传说：天与火同时存在，这就是合同于人的象征；君子应当聚集和自己理念一样的人，辨别事物，以求其可志向合同者。

名句的故事

孔子对于如何"类族辨物"，找出自己的同伴，是有一套逻

大过，大者过也；栋桡，本末弱也

辑的。

子贡有一次向孔子请教："怎么样才可以被称作士人呢？"孔子回答说："行己有耻，使于四方，不辱君命，可谓士矣。"自身在处事行为时能有知耻之心，奉命出使到外国时，能够完成国君交付的任务，这样便可称为士人。子贡又问："那么比士人再下一等级的作为是甚么呢？"孔子说："宗族称孝焉，乡党称弟焉。"宗族里的人夸奖他孝顺父母，乡党邻里之间尊敬他为兄长。

子贡又继续追问再下一阶呢？孔子说："言必信，行必果，硁硁然小人哉！抑亦可以为次矣。"说话讲信用，做事也一定坚持到底，而那种见识浅薄、固执己见者，就是小人啊，但也可以说是更次一等的士人吧。（《论语·子路》）

孔子的回答展现了不同等级的士人，各有不同的处事方式，这样的区分除了让人有一个可以追求晋级的标准之外，还提供了一个思考点，就是"道不同，不相为谋"（《论语·卫灵公》），志趣、理想不同的人，是无法在一起做事情的。

同人卦中的君子负有治理天下的使命，因此更需要找出与自己同类者，方能凝聚力量、影响舆论、改变社会。

历久弥新说名句

《世说新语·德行》有一则故事，发生在三国时代的魏国。管宁是一个淡泊名利的人，他年轻时曾和华歆一起在菜园里种菜，没想到在翻土的时候，居然发现地上有片金子，管宁看到之后只是继续翻土,就跟看见瓦石没两样,而华歆却是将金子捡起来之后,扔了出去。后来,他们两人有一次坐在同一张席子上读书,有位达官贵人的座车从门前经过,管宁不为所动,继续读书,华歆却放下书本跑出去看。管宁就把坐席用刀子割开,不愿意与华歆坐在一起,还说:"你不是我的朋友!"这是成语"割席分坐"的典故,比喻与朋友绝交,也是管宁的"类族辨物"。

《旧唐书·房玄龄传》记载,唐太宗与房玄龄讨论国家大事时,房玄龄总是能够瞻前顾后、提出具体的执行方法,但常会无法作出决断,此时唐太宗就会找杜如晦一起商议。只要杜如晦一出现,将遇到的状况作出分析,就能与房玄龄的意见相互吻合。后人便用"房谋杜断",形容这两位各具专长的政治家,房玄龄善于谋划、杜如晦长于决断。唐太宗的身边因为有这两人的同心辅政,而出现大唐盛世"贞观之治",这也是"君子以类族辨物"的结果呀!

大过,大者过也;栋桡,本末弱也

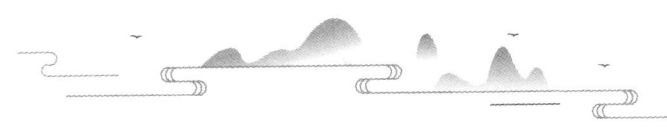

同人,先号咷而后笑

名句的诞生

九五,同人,先号咷¹而后笑。大师²克相遇。

——同人卦·九五

完全读懂名句

1. 号咷:放声大哭的样子。2. 大师:大军。

语译:同人卦的第五爻象征着与人和睦相处,起先因为无法达到这个愿望而大声痛哭,后来如愿以偿而破涕为笑,大军作战节节胜利,志同道合者终究能相会。

名句的故事

孔子在《易·系辞》上写道:"君子之道,或出或处,或默或语。二人同心,其利断金;同心之言,其臭如兰。"

意思是说，君子立身处世的道理，有的人出仕为官、有的人选择隐居避世，有的人缄默不语、有的人喜欢发表高见；假如两个人心志目标一致，其力量就会像锋利的刀一样可以切断金属，心里想说的话也一样，这两个人的气质就会像兰花一样芬芳。

孔子所述，就是"同人"的境界，要懂得与人和谐，助力方会出现，也可说是常常设身处地替他人着想，便能吸引有志一同者的出现，纵使遇到危境，也能顺利解除它。这是训练君子不屈不挠、先苦后甘的意志。

历久弥新说名句

后人便用成语"先号后笑"形容一个人的命运是先凶后吉，或者是用来比喻一篇文章或是一本著作的结尾比开头更为精彩。

南朝梁学者刘孝标在《辩命论》中说："然命体周流，变化非一，或先号后笑，或始吉终凶；或不召自来，或因人以济。"人的命运不断轮转，不会呈现固定的变化，有些事情会让人先哭后笑、就是先凶后吉，有些事情是先吉后凶，有些事情是自动送上门，躲也躲不掉，有些事情则有赖人为的处理。

又例如明末清初的文人钱谦益在《与严开正书》中评论："本是通经著述之书，却言为举业而作，先之以标题举业，继之以别论经义，先号后笑，曲终奏雅，高明之士一见讲章面目，不待终卷已欠申恐卧矣。"

意思是说，这是论讲经义的书籍，但是一开头却说是为了科举而作，后面的内容却陈述经文义理，先号后笑，结论很精彩，如果让高明的人先看到最前面的篇目，恐怕是等不到阅读到后文就会睡着了。

宋代名臣范仲淹在《岳阳楼记》说："先天下之忧而忧，后天下之乐而乐。"即当在天下人忧愁之前先去忧愁，天下人都能享乐之后才可以享乐。这两句话虽不能说是先凶后吉，但是先吃苦后享乐的作为，却也是君子磨练人格志气、成就大业的写照。

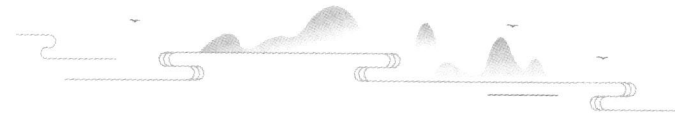

公用亨于天子，小人弗克

名句的诞生

九三，公用亨¹于天子，小人弗克。

——大有卦·九三

完全读懂名句

1. 亨：通"享"，宴飨。

语译：大有卦的第三爻是阳爻，诸侯能够得到天子赐宴，小人则不可以。

名句的故事

滑国原是郑国的附属国，后来卫国攻打滑国，周襄王派了伯服、游孙伯两人到郑国，请郑国让出滑国。郑国不仅不听命，还扣留了周襄王的两位使者。周襄王十分生气，于是不顾大臣的劝

阻,而以颓叔、桃子为使者,向边地的狄国请求协助,击败了郑国。为了感谢狄国的帮助,周襄王立狄国的公主隗氏为后。

隗氏虽然当上了王后,但却不喜欢周襄王,而爱上了周襄王的弟弟王子带。周襄王发现她和王子带私通的事情后,就把她打入了冷宫。颓叔、桃子心想,当初他们是被派到狄国的使者。现在王后被废,狄国一定会怪罪下来,倒不如先下手为强,引狄国进攻,拥立王子带,事成之后,必定能得到不少好处。

在内神通外鬼的情况下,周襄王逃往国外,郑国收留了他,让他住在氾地。秦国得到这个消息,于是派兵进驻在黄河边,准备送周天子回朝。这时,晋国的大臣狐偃劝晋文公:"只要我们把周襄王送回国,那么就可以得到诸侯的支持,称霸于天下。"晋文公无法下决心,于是让卜偃卜筮,得到了《大有卦·九三》:"公用亨于天子。"卜偃解释:"大有象征太阳,太阳西落,终究会东升。这代表晋国会战胜狄国,周天子会再回到国内,并赐宴给您。"

果然,最后不出卜偃所言,晋文公带兵击败王子带,迎接周襄王回都城,并且接受周天子的飨醴。以上史实记载于《左传·僖公二十四年》与《左传·僖公二十五年》中。

历久弥新说名句

晚清名将左宗棠是曾国藩的学生,曾经加入平定太平天国的湘军,还镇压陕甘回变并收复新疆。据说左宗棠非常喜欢吃猪肉，而且食量奇大，每顿总要吃上十斤肉才满足。有一回，慈禧太后举办宴会，特意在他的位置上，准备了许多猪肉。在一旁的同僚对他说："您吃了这么多肉，正是所谓的'将军不负腹'啊！"

屡建奇功的左宗棠微微一笑，针锋相对地说："你们这些只会咬文嚼字的读书人，吃吃菜根应该就够了。至于我，就算吃了很多肉，也不至于被讥为没有谋略的'肉食者'吧！"

原来"将军不负腹"一语出自宋朝。宋朝太尉党进曾经在大吃大喝后，摸着肚子说："将军不负腹！"也就是说他没有辜负自己的肚子，没想到旁人却说："您没有辜负您的肚子，您的肚子却辜负了您，因为它从来没有给您出过任何一点谋略。"

真正为国家人民做事的人，便是物质上享受稍微讲究一些，其实并无大碍。倒是那些危害社会的人，恐怕就有浪费粮食之嫌。左宗棠的例子，足以说明这一点。

君子以裒多益寡，称物平施

名句的诞生

象曰：地中有山，谦。君子以裒¹多益寡，称物²平施³。

——谦卦·象

完全读懂名句

1. 裒：抔，减少的意思。 2. 称物：衡量物品的多少、轻重。 3. 平施：平均施与。

语译：象传说：地在上、山在下，是高山隐藏于土地中，象征着才华与德行隐藏于心中而不外显，这就是谦卦。君子应该减少多余的，来弥补不足的部分，衡量各种事物的多寡，使其平均分配。

名句的故事

《三国演义·第一〇六回》中有一段故事提到，曹魏的吏部尚书何晏，请精通《易》的管辂占卜，看看自己有没有机会位列三公，又说自己最近梦到几十只青蝇飞到鼻头上，赶都赶不走，不知是什么征兆？管辂回答说，"鼻者，山也；山高而不危，所以长守贵也。今青蝇臭恶而集焉，位峻者颠，可不惧乎？愿君侯裒多益寡，非礼勿履；然后三公可至，青蝇可驱也。"

意思是说，鼻子象征艮，艮就是山，山高却不陡峭，所以能够守得住富贵；而"青蝇"象征着奸佞小人，青蝇聚集在鼻子上，表示地位高的人跌落了，被小人所包围，这就是高山落在地中，此乃《谦卦》的卦象。事实上，在当时何晏位高权重，惧其威势的人很多，会感念他恩德的人却很少，如不采取"裒多益寡"的行事方针，恐怕会招致祸害。所以管辂才会借此劝戒何晏：要懂得损有余而补不足，不合乎礼法的事情不要做，便可驱赶走如同青蝇的小人，三公的位置自然会到来。

何晏著有《论语集解》，亦是三国魏晋时代"清谈"的领袖人物，为人狂妄自大惯了，所以也听不进去管辂的劝告，占卜后不到一年，就被司马氏所杀害。

🌀 历久弥新说名句

南宋诗人陆游写了一本《老学庵笔记》，其中记载了一则故事。宋朝的肃王和沈元用奉命一同出使北方，借宿在燕山的滑忠寺。寺内有一个唐朝时期遗留下来的石碑，石碑上三千多个字，遣词用语很有唐朝时骈文体例的华丽风格。沈元用向来以记忆力好自豪，因此再三朗诵石碑上的文字，想要把它完全记住。一旁的肃王则是一边听沈元用朗读，一边闲逛，一副漫不经心的样子。

回到旅馆的大厅，沈元用想要夸耀自己的才能，便提起笔把碑文默写下来，遇到记不清楚的地方，就空着，算算一共空缺了十四个字。肃王看了看，拿起笔把空缺的地方都填上去，还修正了几处有错误的地方。改完之后，肃王只是放下笔继续和别人聊天，脸上没有半点骄傲的神情。沈元用看看改好的碑文，既惊讶又折服肃王的才华。有句话说："休夸我能胜人，胜如我者更多。"即不要夸耀自己能够超越他人，真正比自己强的人还很多呢，这句话是有其道理的。

肃王心中有"谦"，所以没有半点傲慢的态度，而沈元用也该了解到"人外有人，天外有天"，这个道理的核心意义，其实就是"谦"。

豫，刚应而志行，顺以动，豫

名句的诞生

彖曰：豫[1]，刚应[2]而志行[3]，顺以动，豫。豫，顺以动，故天地如之，而况建侯行师[4]乎？

——豫卦·彖

完全读懂名句

1. 豫：安乐、欢乐、愉悦的意思。2. 刚应：指本卦中阳爻与阴爻相应合。3. 志行：志向得以实行。4. 行师：出兵的意思。师，军队。

语译：彖传说：豫卦意味着阳刚者与阴柔者相互顺应，志向得以实行，同时又能顺性而动，所以感到愉悦。愉悦是因为顺性而动，所以天地运转的道理也是这样，更何况封建诸侯、出兵讨伐呢？

大过，大者过也；栋桡，本末弱也

名句的故事

《尚书·汤誓》记载商汤决定起兵讨乏夏桀时,商汤的百姓不愿意有战争,于是商汤发表了他必须"吊民伐罪"的原因。商汤说:"非台小子敢行称乱!有夏多罪,天命殛之。"即不是我商汤敢作乱,而是因为夏桀犯下许多罪行,上天命令我去征讨他呀!对于商汤的百姓忧虑引发战争会造成农事的荒废,商汤则解释说:"夏氏有罪,予畏上帝,不敢不正。"商汤告诉他的子民,夏桀有这么多的罪状,我畏惧上天的命令,不敢不去征伐呀。

《尚书·洪范》记载周武王向箕子请问治国之道,箕子举例提到过去鲧治水时,用阻塞的方式去治理洪水,还搞乱了五行的次序,所以"帝乃震怒,不畀洪范九畴,彝伦攸斁",彝伦攸斁就是伦常败坏。意即天帝因此非常生气,不愿意赐给他可以治理天下的九种大法,所以治国伦常便因而败坏。后来,鲧被流放而亡,鲧的儿子大禹接续他继续治水,大禹成功用疏道的方式解决水患,舜因此将天下传给他,天帝也把九种治国大法赐与大禹,天下便得治了。

大禹治水顺从水性而行,商汤起兵顺天意而行,都是顺性而动。也就如《豫卦·象》所说,天地顺时而动,日月的运行就不会出现过失,四季的更迭也不会出错;圣人顺性而动,就能掌握天意,使治国之道清明,天下百姓自然心悦臣服。

历久弥新说名句

"隔岸观火"是《三十六计》的第九计,即:"阳乖序乱,阴以待逆。暴戾恣睢,其势自毙。顺以动豫,豫顺以动。"趁着敌人内部不和、秩序混乱之时,暗中静待敌人发生内乱,因为凶恶横暴会导致自相残杀,这就是顺应敌方情势的发展,再决定己方的行动。

在《三国演义·第三十二回》,袁绍的儿子袁尚、袁熙兵败曹操后,便带领余下的骑兵投奔了辽东太守公孙康,因此曹操的手下纷纷请命攻打公孙康,并借机占领辽东。但曹操不为所动地说:"我会使公孙康自己送上袁尚、袁熙的人头来,不必出兵啦!"说罢,领着曹军去攻克其他北方地区。不久果真如曹操所料,公孙康送上袁尚、袁熙的人头来了,诸将纷纷向曹操请教。

曹操告诉大家,如果直接进攻辽东,公孙康、袁尚、袁熙等人一定会团结起来,合力抵抗;如果暂时不去管他们,其三人便会放松下来,也更有时间算计对方,那就可能闹内乱、自相火拼,到时候再进击他们就容易多了。这就是隔岸观火,等待适当的时机出手,自然能获得满意的结果。

介于石，不终日

名句的诞生

六二，介¹于²石，不终日³，贞吉。

——豫卦·六二

完全读懂名句

1. 介：耿介之意。2. 于：在这里是如果的意思。3. 终日：整日的意思。

语译：豫卦的第二爻象征品性耿介如同坚石，不整天沉溺于安乐之中，持守正道便可获得吉祥。

名句的故事

《老子·第七十六章》说："坚强者，死之徒；柔弱者，生之徒。是以兵强则灭，木强则折。"坚硬顽强的东西与死亡同一类，柔软瘦弱的东西属于有生命力的，因此倚恃武力强大反而容易被消灭，树木长得坚硬就容易被砍伐。这句话是说，坚硬强大的东西因为过于突显，所以一旦有外力冲击时，便首当其冲了。

老子要表达的是柔弱胜于刚强的道理，与《豫卦·六二》所述，坚强的品格、中正的处事原则，便可以获得吉祥，正好是两相背驰的意见。在《老子·第二十三章》也说："飘风不终朝，骤雨不终日。孰为此者？天地。天地尚不能久，而况于人乎？"暴风不会刮整个早上，突如其来的大雨也不会下一整天，是谁使它们这样呢？是天地，天地的自然现象都无法持久，何况是人的行为呢？

诚如老子所言，没有什么是恒久如一，永远不会有变化的，包括人的行为也是一样，所以祸福总是相倚。但如同《豫卦·六二》所期许，如果一个人可以秉持正道，或许就是常获吉祥的方法。

历久弥新说名句

陶侃是晋代的名臣，曾历任侍中、太尉、大将军等官职，也是一位颇有战功的军人，但在朝廷中遭人忌妒、陷害，而被贬到广州任职。广州做官的这段时间，陶侃可说是无所事事，但是他并没有因此放纵自己，沉溺于安逸的生活，而是每天早晨把一百块砖头从房间里搬到房外；到了晚上时，再把砖头搬回到屋内。

旁人看到，觉得陶侃的举动很奇怪，便问他为什么。陶侃的想法是，他不希望自己生活闲散、意志消沉，而无法成就大事，所以借此锻炼自己的身心。陶侃还经常对人说："大禹圣者，乃惜寸阴，至于人，当惜分阴，岂可逸游荒醉，生无益于时，死无闻于后，是自弃也。"意思是说，大禹是一个圣人，都还很珍惜每寸光阴，更何况我们普通人，要更加把握每一分钟，怎能浪费在放纵享乐、醉生梦死上头呢？活着的时候对世上毫无贡献，死了之后也没有留下任何名声，这是自暴自弃呀！"（《晋书·陶侃传》）

或许正由于陶侃"介于石，不终日"的态度，使得他晚年位极人臣，更值得一提的是，他不参与朝廷的权力纠纷，所以不仅让自己的家业丰沛，也为子孙留下坦途，这正是"贞吉"的结果呀！

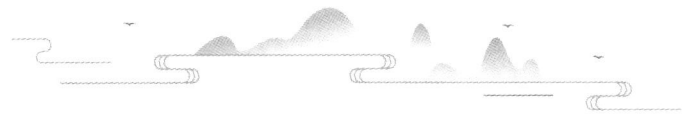

君子以向晦入宴息

名句的诞生

象曰：泽中有雷，随。君子以向晦¹入宴息²。

——随卦·象

完全读懂名句

1. 向晦：傍晚的意思。2. 宴息：安息与休息。宴是安的意思。

语译：象传说：湖泽因为雷声鸣而产生波动，象征着对大自然的顺应，这就是随卦。君子行事也应遵从时序的运作，傍晚到来就该入室休息。

名句的故事

随卦的中心意旨在于顺应、随从，从人、从天、从自然，如

同《随卦·象》中所说："天下随时。"天下万物都依据自然的时序来运作，何时该起、何时该止，都有其规律性。大自然孕育出万物的同时，也提供了生养万物的规则，只要遵从这个规则，我们就会活得有秩序、活得很快活。这种观念不时跃然于古代社会的生活哲学中。

《庄子·让王》记载："日出而作，日入而息，逍遥于天地之间，而心意自得，吾何以天下为哉！"庄子逍遥自在的法宝就是遵从"日出而作、日入而息"的原则，将天下事把玩于胸臆之间，而不需有掌控天下的权势呀。

晋人皇甫谧的《帝王世纪》记载："帝尧之世，天下大和，百姓无事。有八九十老人击壤而歌。"而《击壤歌》的内容就是："日出而作，日入而息。凿井而饮，耕田而食。帝力于我何有哉？"意思是说，太阳出来就该工作，太阳下山就该休息，挖井就有水喝，耕田就有饭吃，君主何须对我有所作为呀！尧舜的治世手段，就是让百姓随着大自然的时序而行，天下太平便随之而至了。

历久弥新说名句

"混水摸鱼"是《三十六计》的第二十计，即："乘其阴乱，利其弱而无主。随，以向晦入宴息。"这一计强调的是随卦的顺从性，顺应敌人内部的矛盾、对立，利用其人心无主、力量散弱的时候，乱中取胜，获得想要的利益。《三国演义》中的刘备取荆州，便充分发挥了"混水摸鱼"的智慧。

经过赤壁大战，曹操一统中原的梦碎，只好据守北方，并派大将曹仁驻守南郡，以防止有心人继续率军北进。岂知，孙权与刘备皆有意进取南郡。诸葛亮建议刘备按兵不动，让孙吴大将周瑜先与曹仁的部队厮杀。当曹仁亲率大军来到孙吴军营前叫阵，周瑜使出欺敌之策，大战时口吐鲜血，从马背上摔下，让众将把他救回营中，接着孙吴军营便传出周瑜死亡的消息，曹仁听到之后很高兴，决定趁机进攻。

当晚，南郡城中只留下少数士兵护城，曹仁大军趁着黑夜冲进周瑜大营，只见营中空无一人，曹仁方知中计，急忙退兵，此时周瑜领军从四面八方杀出，曹仁大败往北方逃去。周瑜大胜曹仁后，立即率兵直奔南郡，却见南郡城头布满刘备的旗帜。原来赵云已奉诸葛亮之命，乘周瑜、曹仁激战之时，轻易攻下了南郡。诸葛亮还利用在南郡找到的兵符，连夜派人冒充曹仁去救援曹军，进而诈取了荆州、襄阳。

这就是"混水摸鱼"之计，诸葛亮顺着情势，让曹仁与周瑜对打，乘机获取蜀汉的利益。这次周瑜上了诸葛亮的当，气得昏了过去。

先甲三日，后甲三日

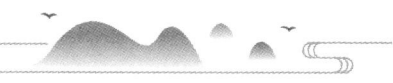

名句的诞生

蛊，元亨，利涉大川。先甲[1]三日，后甲三日。

——蛊卦·卦辞

完全读懂名句

1. 甲：指甲日。古时以天干记日，甲是十天干的开始。甲日即为阴历每旬（十日）的第一日。可引申作事情的开端。

语译：蛊卦，一开始是亨通的，但要度过难关才有利。先于甲日三天，或是后于甲日三天都不利。

名句的故事

《左传·昭公元年》记载："赵孟曰：'何谓蛊？'（医和）对曰：'淫溺惑乱之所生也。于文，皿虫为蛊。谷之飞亦为蛊。在

《周易》，女惑男，风落山谓之蛊。皆同物也。'"这段话详细道出了"蛊"的本义。所谓"皿虫为蛊"，指的是器皿中的食物腐败生虫，这就叫做蛊。另外"谷之飞亦为蛊"，指的是谷物放得久了，也会腐败生虫，这也叫做蛊。医和在诊治晋平公的疾病时，指出他的病因是陷溺于女色，并把人的陷溺于欲望而生病痛灾祸譬喻为"蛊"。在他的说明中，点明了《易》中《蛊卦》的意义。

医和解释《蛊卦》时说："女惑男，风落山谓之蛊。"译成白话是说，女子迷惑男性，将使他逐渐枯槁，如风吹入山则林叶落一般。

《蛊卦》是象征祸端的凶卦，但它的卦辞："元亨，利涉大川。先甲三日，后甲三日。"意思是说，《蛊卦》虽是凶卦，但仍可突破困境（利涉大川），只是要善于把握时机。既然先于甲日三天或后于甲日三天都呈现了凶象，就该在甲日的前三天妥善规划，谨慎行事，后三天则要整顿检讨，除弊兴利，终结过去的乱象，迎接崭新的开始。

历久弥新说名句

秦穆公协助晋惠公回国继承君位，晋惠公原本答应把一部分的地割让给秦国，但之后却食言了。即使如此，晋国发生饥荒，秦穆公仍大方地把粮食送到晋国。后来，秦国发生饥荒，晋国反而不肯伸出援手。秦穆公十分生气，于是准备攻打晋国。宣战之

前，秦穆公让卜徒父占卜，占得了《蛊卦》。卜徒父说："大吉。我们可以顺利渡过黄河，晋侯的车子会因毁坏而失败。"秦穆公不解，《蛊卦》明明是凶卦，怎么会大吉？卜徒父进一步解释："到了秋天，我们会像风一样吹过他们山上，吹落他们的果实，还能取得他们的木材，所以能战胜。"

就兵力而论，秦国不如晋国，然而晋惠公不用忠言，坚持不肯骑乘本地的马，结果车子陷入泥泞中。这时，秦穆公原本被晋国将军所包围，险些被俘虏，但晋国将军为了救助晋惠公，只得放过秦穆公，后来被俘虏的反而是晋惠公。

秦穆公依循《蛊卦》的义理，及时渡过黄河，所以能够获胜。至于晋惠公，因为他的父亲晋献公杀害世子申生的不当举措，他才得以即位。但是即位后，其并未能及时匡正父亲事业中的弊端。若不是如此，成为春秋五霸之一的，说不定不是他的兄长晋文公，而是晋惠公自己呢！

观国之光,利用宾于王

名句的诞生

六四,观国之光¹,利用宾²于王。

——观卦·六四

完全读懂名句

1. 观国之光:指从事巡游他国,观察他国的民俗风土、政治制度。光,广大的盛德。2. 宾:这里指贤德的人。

语译:观卦的第四爻说,巡游他国,观察当地的风俗民情、社会政治状况,有益于贤德者辅佐该国的君王。

名句的故事

《左传·庄公二十二年》记载,当年陈国发生内乱,陈厉公的儿子敬仲为了避难而逃到齐国。当时齐国的大夫懿仲想把自己

的女儿嫁给敬仲,所以先请妻子占卜这段婚姻的吉凶。占卜的结果获得"凤凰于飞,和鸣锵锵"的大吉之卦,而且卦象上说,这对夫妇的第五代会开始飞黄腾达,到第八代之后,就无人能出其右了。

事实上,在敬仲年幼的时候,成周有一位太史去见陈厉公,陈厉公请他占筮敬仲的未来,结果占得了《观卦》。这位太史说:"是谓观国之光,利用宾于王,此其代陈有国乎,不在此,其在异国,非此其身,在其子孙,光远而自他有耀者也。"这句话的意思是,占得《观卦·六四》爻辞,敬仲恐怕是要代替陈国而拥有一个国家了!但不在这里,而是在别的国家,也不会发生在敬仲的身上,会出现在他的子孙身上;光,是从另外的地方照耀而来的。

后来陈国第一次被楚国消灭时,敬仲的第五代子孙陈桓子便在齐景公时期崛起,担任齐国的大夫。后来陈国再次被楚国灭亡时,敬仲的第八代子孙陈澄子便取得了齐国的政权。

历久弥新说名句

"观国之光"除了考察他国风土民情之外,还进而延伸到宣扬本国国威与势力,汉朝的张骞奉汉武帝之命,多次出使西域就是一例。原本只是单纯的探路、买品种优良的汗血马,到日后的"远交西域"、打击匈奴,并且带着牛羊、黄金、布匹、丝绸等丰厚的"见面礼",以彰显汉朝的富裕,将汉文化引领出嘉峪关,开拓出"丝路"。这就是历史上有名的"凿空",意指凿开通路。

根据马可·波罗的《东方见闻录》所记,我们得知这位意大利人周游列国,在元世祖时期来到中国。他入境随俗,不仅学会蒙古语,还学会元朝的宫廷礼节,受到元世祖的信赖,在中国当起官来。马可·波罗曾被授与钦差大臣一职,奉命巡视、考察四川、西藏、云南等地,并参与当时的外交活动,代表元朝拜访过东南亚一带的国家。

而清初受到顺治皇帝、康熙皇帝信任与重用的德国传教士汤若望,他将西方的科学知识,融入了中国的语言与文化,并进而修订中国历法,使之更加精确,这即是被清廷颁布实施的《时宪历》,让中国历法与西方科学接轨。(《清史稿·汤若望传》)

就"观国之光,利用宾于王"的实践来说,马可·波罗与汤若望,这两位自远方来的朋友皆当之无愧。

大过,大者过也;栋桡,本末弱也

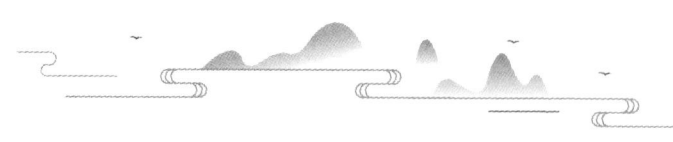

剥,不利有攸往

名句的诞生

剥¹,不利有攸往²。

——剥卦·卦辞

 完全读懂名句

1. 剥:卦名。意思是剥落、剥蚀。象征人事中之剥落及破败。2. 不利有攸往:不利有所前往。往,谓前进。

语译:筮得剥卦,不利有所前往。

名句的故事

春秋时代,鲁国的政权分散在季孙氏、孟孙氏和叔孙氏三家大夫的手中,而其中季孙氏的家臣阳货,联合其他的家臣,把持国政,胡作非为。这种"名不正,言不顺"的作为,正是孔子极力声讨的乱臣贼子。但此时阳货却一心想拉拢孔子为他做事，以提高自己的声望。

在《论语·阳货》中提及，阳货几次想见孔子，孔子却屡次避而不见。于是他想了一个办法，前去孔子家里拜访，并赠送一只熟小猪当作见面礼，按照当时的礼节，孔子必须登门道谢，这样才合乎礼。可是，孔子并不想与阳货碰面，故意找阳货不在家的时间前往拜谢，不巧的是，却在半路上遇见了阳货。

阳货很没礼貌地对孔子说："来，我有话要跟你说。"（孔子走向前去。）阳货自问自答地说："把自己的本领藏起来而任由国家混乱，这可以叫作仁吗？"接着自己回答："不可以。"又说："喜欢参与政事而屡次错过机会，这可以说是智吗？"再次自己答道："不可以。"最后阳货语带威胁地告诉孔子："时间一天天过去了，年岁是不等人的。"

面对举止无礼、言词咄咄逼人却又掌握权势的小人阳货，孔子这时也只能婉言回答："好吧，我将要去做官了。"意在先缓和对方的情绪。事实上，孔子并没有因此去做官，其仕鲁一事，是等到阳货垮台之后的事了！

所以，面对小人得势的局面，君子只能退守保其正气，不宜有所作为。

历久弥新说名句

三国时代，诸葛亮隐居隆中时，曾赋了一首《围棋歌》："苍

天如圆盖,陆地似棋局。世人黑白分,往来争荣辱。"诗中将棋士的进退取舍、争城略地之间,比喻成人世间的你争我夺的景象。围棋有句名言,"负一子而胜全局",意思是牺牲一颗棋子而赢得最后的全盘胜利。面对什么样的局势,就得下什么样的决断。

所以,看问题要全面,要有宏观的视点,才不会被眼前的困境所迷惑。面对横逆、挫折、失败及任何不利的情势,懂得谦退、忍让,衡量全局,屈就现况以便赢得最后的胜利。

俗语说:"好汉不吃眼前亏。"面对小人气势高涨,种种不利的情势,如何应对,怎样忍辱负重,这忍字的学问,便得下很大的功夫。清朝朱严溪编纂的《忍字嘉言录》云:"富者能忍保家,贫者能忍免辱,父子能忍慈孝,兄弟能忍义笃,朋友能忍情长,夫妇能忍和睦。""忍"字的功夫,对于各种不同的身份角色,各阶层的人际关系,都能发挥无限的功效。

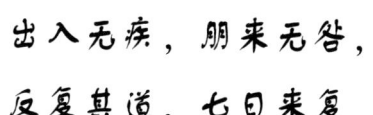

出入无疾，朋来无咎，
反复其道，七日来复

名句的诞生

复[1]，亨。出入无疾[2]，朋来无咎[3]，反复其道，七日来复[4]。利有攸往。

——复卦·卦辞

完全读懂名句

1. 复：卦名，下震上坤，象征回复。2. 出入无疾：出指阳气外长，入指阳气内生；疾，无害。3. 朋来无咎：朋，朋友。指阳也，在卦象中显示一阳初动上复，群阴以为朋，曰朋来；阴阳交合，复道畅通，曰无咎。4. 反复其道，七日来复：指阳刚返转回复；道，规律，七日借取日序周期，"七"象征转机迅速，犹言过不了七日。

语译：复卦象征回复亨通。阳气内生外长没有疾患。刚健友

朋前来没有任何灾厄；返转回复沿着一定的规律，过不了七日又将转至回复之时。利于有所前往。

名句的故事

剥、复二卦，常为宋代的理学家专门用来解释君子、小人势力的消长，复卦表示君子运势渐到佳境。先《剥》后《复》，表示在乱世乱到极点，开始反转变为治世，长久的苦难终将解消，逐渐走向平坦的大道。

《左传·成公十六年》记载，晋国出兵讨伐郑国，郑国向楚国求援。楚军在鄢陵和晋军相遇。苗贲皇在晋侯身旁，把楚王亲兵的军情告诉晋侯。他说："有国家中杰出的人物在那里，而且军阵厚实，不能抵挡。"接着，苗贲皇向晋侯提出他的计策，说："楚国最优秀的部队，在他们中军的王族部队而已。请求把我们的精良的部队分开去攻击他们的左右军，而三军一举往楚国的中军王族部队那里攻击，一定可以把他们打得大败。"公筮之。太史说："吉利。《复卦》显示：'南方的国家处于困窘的局面。以弓箭射它的君王，射中眼睛。'国家困窘、君王受伤，如果还不失败，要等待什么时候呢？"晋公于是同意苗贲皇的建议，开始进击楚军。最后，楚军战败，楚国的将军子反自杀，晋军获得胜利。

从卦象来看，《复》是由《剥》反转过来构成的，所以，《复卦·象》上的"复见其天地之心"，是说周期往复乃天地的中心规律。

历久弥新说名句

《列子·说符》:"夫江河之大也,不过三日;飘风暴雨不终朝,日中不须臾。"江河的潮水再大也不过三天便退去,狂风骤雨不到一个早晨便停止,太阳移到正中不一会儿便倾斜。事物存在的的法则,总有一种循环往复的规律,而复卦的意义,正如长夜漫漫的终止而曙光乍现,灾难到了尽头,运势由谷底逐步爬升,如倒吃甘蔗开始尝到甜头。

传说中,凤凰是人间幸福的使者,每过五百年,它就要背负着人间的仇恨恩怨及种种罪孽,投身于熊熊烈火之中,以生命和美丽换取人世间的祥和与幸福,在肉体承受烈火啃噬的苦痛后,它才能以更美好的躯体获得新生。

唯有经历重大苦难之后,才是真正蜕变的开始,如同毛毛虫在突破层层自缚的茧丝,历经一段艰辛的成长过程,才能展开美丽绚烂的翅膀,在百花丛开的花园中曼妙飘舞,在广阔的天空中轻盈飞扬。

无论是"浴火重生"或是"破茧而出",都像复卦的意思一样,冬去春来,万象更新,象征新生命体的蓬勃发展与前景无限。

大过,大者过也;栋桡,本末弱也

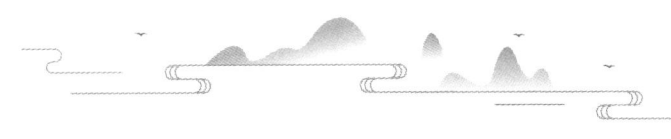

迷复,凶,有灾眚,用行师,终有大败

名句的诞生

上六,迷复¹,凶,有灾眚²。用行师³,终有大败,以其⁴国君凶,至于十年⁵不克⁶征。

——复卦·上六

完全读懂名句

1. 迷复:迷失归路,不能复返或是迷而失去自性,不能自返。迷,迷乱,分辨不清。2. 眚:过失、灾祸、疾苦。3. 用行师:用,作为。行师指用兵出征。4. 以其:与其、及其。5. 十年:表示极数,长久的意思。6. 克:能。

语译:复卦的上爻象征迷失归路,此为凶象,将有灾祸。若行军征战执迷于前进,最终必有大败,国君也有凶险,今后很长时间内也没有力量再出兵。

名句的故事

《左传·襄公二十八年》记载，郑伯派遣大夫游吉出使楚国。到了楚国边境汉水一带时，楚国不满意游吉身份的等级太低而拒绝其入境，并派人来说："在宋国那次的盟约，贵国国君亲自光临。现在却只派遣大夫等级的身份前来，我们楚国国君希望你先回去，我们将派遣传车奔赴晋国询问以后再告诉您。"

于是游吉便回国报告出使的结果。游吉向郑国执政的子展说："楚国国君将要死了。不修明他的政事德行，反而贪图诸侯国的进奉，以满足自己的欲望，想要活得长久，能够办得到吗？《易》有这样的情况，在《复》变成《颐》为'迷路往回走，不吉利'，这说的就是楚王吧！想实践他的愿望而忘掉原来的道路，想回来却找不到地方，这叫作'迷复'，能够没有灾祸吗？就依楚王的要求，让国君亲自去吧！送了楚王的葬再回来，让楚国痛快一下。如果楚国近十年的时间，不能争夺霸业，我们就可以让百姓休息了。"

郑国的大夫游吉引用《易》评论楚王贪心而骄傲，依恃强国的威势欺凌弱国。"迷复凶"是《复卦·上六》的爻辞。迷复是指迷了路而才想回来，希望回到自己所喜爱的地方，然而却忘掉原来路径，结果还是无处可归。

历久弥新说名句

东晋、南朝宋之际的诗人陶渊明,以质朴自然的田园诗文而留传后世。他出身于没落的官宦家庭,曾祖父陶侃是晋朝名臣,曾经当过大司马,地位相当显赫,其祖父与父亲也都曾担任太守。但传到他时,家道已然中落。早年因为家贫亲老,不得已出来担任州祭酒,又陆续当过镇军参军、建威参军及彭泽县令等小官。后来,觉得官场阿谀奉承、送往迎来的生活,不适合自己洒脱不受拘束的个性,于是写了《归去来辞》大唱不如归去。深感入世当官,是一个迷失,是错误的开始,其云"实迷途其未远,觉今是而昨非"。于是毅然辞官回家,不为五斗米折腰,宁愿回家种田。表明"已往之不谏,知来者之可追",因而在农居生活中,留下许多真挚、热诚的生命记录。

儒家一向主张迁善改过,有错不惮改。北宋理学家邵雍给子孙的《诫子吟》云:"善恶无他在所存,小人君子此中分。改图不害为君子,迷复终归作小人。"错了不要一错再错,能勇于改正仍不失为君子,迷途不返终生为小人矣。

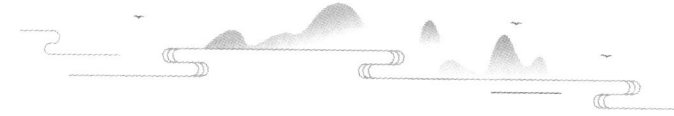

天下雷行，物与无妄

名句的诞生

象曰：天下雷行¹，物与无妄²，先王以茂³对⁴时⁵，育万物。

——妄卦·象

完全读懂名句

1. 天下雷行：雷声震动，威行天下。2. 物与无妄："物与"二字疑为古注误入正文。无妄为卦名。上卦《乾》天，下卦《震》雷，故云天下雷行。3. 茂：盛。比喻强盛的君权。4. 对：配合、顺应。5. 时：春雷振作万物之时。

语译：象传说：天下雷声震行，象征万物都敬畏不敢妄为。先代君王因此用天雷般的威势来配合天时，养育万物。

名句的故事

在古代，中原的华夏民族主要以农业为立国根本，农业的生

大过，大者过也；栋桡，本末弱也

产活动要配合四时季节的变化,即所谓的春耕、夏耘、秋收、冬藏,才能有丰硕的成果。因此国家的重大施政,如田猎、宗教祭祀,也会配合季节时令的转换而推行。春天万物生长,万象更新,象征新生,国家在这个时候颁发新的政令,希望能顺利地推行。当秋天农忙结束之后,便举行狩猎,让人民练习战阵的仪式。暮秋时,万物凋零,大地一片肃杀的气氛,死刑犯的执行选在这个时节,就算是开春时候判了死罪,也都要等到这时才会执行。

《管子·霸言》中谈论到:圣明的人,能够因应时机的来临而立下事功,不会违背时机而妄求立功的机会,有智慧的人虽然能善于事先谋划,却不如巧妙地利用时机,善于巧妙地利用时机的人,能花费很少的力量而获得很大成果。如果谋划者没有定见则容易遭受困厄,事情如果没有预先准备则无法成功。所以圣明的人,凡事都会预先准备并谨慎等待时机的来临,事先充足准备以等待契机,适当时机来临才举事,时机成熟才举兵……"

所以,《无妄卦·象》说当天下雷声震行,在万物都敬畏不敢妄为的时候,先代君王因此用天雷般的威势,来执行政令以治理万物。

历久弥新说名句

在金庸的武侠小说《笑傲江湖》中,令狐冲在华山的后山思过崖向华山剑宗学习,练就了独孤九剑,能够以快打快,乘虚而入，后发而先至。这"后发而先至"的工夫，便是掌握了制敌机先的要领，让对手的招式无从开展，而弃剑投降。

《三国演义·第六十七回》中，曹操在平定汉中后，益州震动。司马懿向曹操进言说，刘备诈取刘璋，蜀人尚未归心，若此时攻之，必将瓦解，并说："智者贵于乘时，时不可失也。"强调善于利用时机的重要性。

唐朝的白居易不但是位诗人，也是很有远见的知识分子，他在一篇讨论水旱灾的防治文章《辨水旱之灾明存救之术》中提及"圣人不能迁灾，能御灾也；不能违时，能辅时也"，强调圣人不能改变灾祸，但是可以防患灾祸，无法违背时机，但是可以应用时机。他所谓的应用时机，便是在平常做好妥善的准备，一旦有灾难发生，便能从容因应，这样一来，水、旱灾便不能为祸，人定才可胜天。

大过，大者过也；栋桡，本末弱也

无妄之灾，或系之牛，
行人之得，邑人之灾

名句的诞生

六三，无妄之灾¹，或系²之牛，行人³之得，邑人⁴之灾。

——妄卦·六三

完全读懂名句

1. 无妄之灾：不邪妄而碰到倒楣事。妄，虚假。2. 系：拴，以绳子绑紧。3. 行人：过路之人。4. 邑人：乡里之人。邑指古代基层的地方行政单位。

语译：无妄卦的第三爻象征，不邪妄而碰到倒楣事，就如同村里有人将一头牛系在村中，路人经过却将它给牵走，让无辜的村人受到冤枉。

名句的故事

春秋时代，孔子周游列国，在前往陈国时路过了匡地。当年，鲁国季孙氏的家臣阳虎（即阳货）曾在匡地对匡人有所杀戮。孔子长得有点像阳虎，匡人误以为阳虎又来到当地，于是一群人将孔子师徒包围起来。

孔子师徒被匡人连困数日，弟子们心中焦急，担心匡人采取极端行动。孔子此时表现得非常坦然，对弟子们说："文王既没，文不在兹乎！天之将丧斯文也，后死者不得与于斯文也；天之未丧斯文也，匡人其如予何！"（《论语·子罕》）孔子意为，周文王死后，古代文化不都由自己继承吗？若上天想毁灭这些文化，那他就不能传授它们了；如果上天还不想毁灭这些文化，那么，匡人又能把他怎么样呢？

当时，子路很生气，拿起武器想对匡人动武。孔子命其不要妄动，并告诉子路："恶有修仁义而不免俗者乎？夫《诗》、《书》之不讲，礼乐之不习，是丘之过也。若以述先王，好古法而为咎者，则非丘之罪也，命夫！歌，予和汝。"（《孔子家语·困誓》）意思是：为什么推行仁义的人度量却如此狭小呢？如果是没有学习《诗》、《书》，没有讲授《礼》、《乐》，是他身为老师的过错。如果是因为他长得像阳虎而被误认，就不是他的过错了，而是天命如此呀！于是，师徒一起同声唱和。后来，匡人知道认错了人，就散去了。

灾难，自我招来的是有无妄之灾，不是因自身有过错而降临，则是无妄之灾。对于无妄之灾，圣人君子只求灾难来临时问心无愧，虽然没有妄为并且希望除去灾厄，却未必是圣人君子能力所及。但是，如果采取危险的行为，以求免除灾厄，那就违反正道了！

历久弥新说名句

相传春秋宋国国都的城门发生大火，居民纷纷从城门旁的小池子汲水前去灌救，虽然城门的火灭了，可是池里的鱼却因为池水被打去救火，水源枯竭而死了大半，平白无故遭受这种无妄的灾祸。后来将强调灾祸之来，在时不在人，在人不在己，突显出灾之无妄，无故蒙灾，便称为池鱼之殃。

这种"天外飞来的横祸"，常常无法事先预料，所以，老祖宗们累积历史经验，有了"天有不测风云，人有旦夕祸福"的体认。面对无妄之灾时，万不可妄为乱作，那是无法除去灾祸的。

《孔子家语·好生》记载，楚共王出游时，掉了一把名贵的弓箭，部下请求去找，楚共王对其说："止，楚王失弓，楚人得之，有失必有得，又何求之。"有时若能懂得转变一下心理，对于人世间的"无妄之灾"或许就容易释怀了。

君子以多识前言往行,以畜其德

名句的诞生

大畜¹,利贞,不家食吉²,利涉大川。

象曰:天在山中,大畜。君子以多识³前言往行⁴,以畜其德。

——大畜卦·象

完全读懂名句

1. 大畜:卦名。下卦为《乾》天,其性刚健;上卦为《艮》山,其性厚实。2. 不家食吉:养贤也;使贤人不居家自食而食禄朝,此为养贤之道。3. 识:博闻强识,意思是了解牢记。4. 前言往行:前辈圣贤的言行事迹。

语译:在积蓄力量的时候,保持纯正的操守和气节是有力的。在这种情况下,不依靠家里的力量,在外面做事是吉利的,有什么难关也很容易度过。

象传说：天包涵在山中，象征着大为蓄积，君子因此多方记取前人的言论、往圣的事迹，用来培养美好的品德。

名句的故事

东汉王符《潜夫论·赞学》讨论道：工匠要做出精美的器物，先要将他的工具整治得很精良，士人要宣扬他的道义，则要多读书。所以，《易》上说："君子以多识前言往行，以畜其德。"人若学习，就如同器物经过加工修饰一样。即使像夏后氏的玉璜和楚国和氏璧那样质材优美的玉石，若是没有经过玉人的细心雕琢整治，仍只是颗顽石而已。祭祀用的器皿，朝会仪式的礼服，最初也不过是深山穷林的木头和农户桑家的蚕丝，没有经过工匠熟练的技巧，裁缝精巧的针织，就不可能成为在宗庙庆典使用的礼器和朝见君王的朝服。

《庄子·逍遥游》谈到极北的边地，有一只巨大的鹏鸟，它的背有几千里宽阔，翅膀一展开，有如天边的云彩般广大，虽然这只大鹏鸟，有着坚韧有力的翅膀，但是每年要往南海旅行的时候，仍然得耐心等待六月时节强劲的海风，乘着强风的风力回转而飞，直上九万里的高空，唯有凭借风势才能顺利往南飞行。

要行走百里的路途，只要准备一夜的粮食，要往千里的旅程，则必须积聚三个月的粮食。君子多学习前贤的言论事迹，为的是将来可以承担更重大更长远的责任。

历久弥新说名句

清圣祖康熙皇帝,史上号称"千古一帝"。他对内制服权臣鳌拜,取得权力。对外平定三藩,收复台湾,奠定了大清帝国的版图。他曾留下《教子庭训格言》教诲他的众多儿子们。学习前言往行,就在于读书。易、书、诗、礼、春秋及传记子史等,都是古代的前贤菁华,各有功用,每天读些新的东西,就能智识精明,涵养深厚,这就叫"蓄德"。为人国君者,一身居处在深宫重苑之内,位高万人之上,对宫外的事情无法亲身体验,对事理无法全面了解,平常必须多看书,知道古人事迹,才可以减少过错。

十七世纪英国的天文学家哈雷在一次宴会中,曾当面赞扬牛顿天体物理学的成就。当时,牛顿谦虚地说:"如果我看得比别人远些,那是因为我站在巨人的肩膀上。"

所有的学术成果,都有承先启后的意义,多吸收前人的经验成果,可以让我们的智慧经验更往前迈进一大步。

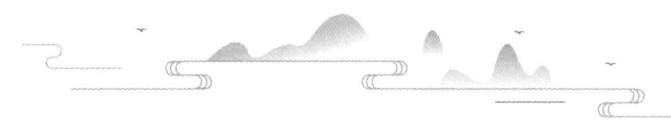

君子以慎言语，节饮食

名句的诞生

彖曰：颐，贞吉，养正则吉也；观颐¹，观其所养也；自求口实²，观其自养也。天地养万物，圣人养贤以及万民，颐之时大矣哉。

象曰：山下有雷，颐。君子以慎言语，节饮食。

——颐卦·象

完全读懂名句

1. 颐：活动下巴饮食，引申为"养"。2. 自求口实：努力求取自养的道理。

语译：彖传说：卦辞认为持守贞正可得吉祥，是指以正道颐养就能吉祥。"观颐"，是观察适当的"颐养"之道。"自求口实"强调努力求取自养的道理，是了解事物颐养的方法，求取精神上所需的教养。天地间培养万物，圣人则培养贤者，并将慈爱推及百姓。此"颐养"之道须选择适当的时机。

象传说：山下有雷动时，即是颐的卦象。君子应慎防祸从口出，病从口入，因此在言语和饮食上都须十分小心。

名句的故事

《史记·韩长儒传》记载，西汉的韩安国是梁孝王的中大夫。汉景帝因为某事而对孝王感到十分不满，韩安国亲自去见景帝的姐姐，极力宣扬孝王对景帝的忠诚与对窦太后的怀念，使得孝王重新获得了信任，韩安国的名声也因此传扬开来。

后来，韩安国因触犯国法被发配到蒙地，一位名叫田甲的狱吏趁此机会羞辱他，让他十分生气，扬言说："死灰独不复然耶？"（难道死灰就一定不会复燃吗？）表示自己也会有东山再起的时刻。听到韩安国的话，狱吏田甲毫不考虑地回应："如果你这堆死灰可以复燃，我就撒一泡尿来浇熄它！"

不久，韩安国出任梁地的内吏官。田甲想起之前对韩安国的无礼，深恐自己马上就会大祸临头，因此偷偷溜走了。

韩安国听说田甲逃走了，就故意放话若是田甲不回来，就要杀掉他全家。田甲于是亲自向韩安国负荆请罪。韩安国却笑着对他说："还记得你说过的话吗？现在你可以撒尿了！"田甲对自己的言语不慎感到后悔，韩安国也宽恕了他。

说话前应三思，若只为了逞一时口舌之快，往往会惹来祸端。田甲这次逃过一劫，但是谁能保证下回得罪的人，仍有韩安

国的宽容呢？

历久弥新说名句

无论是谋衣或谋食，都应该以君子之道去求取，以害人得来的富贵，不仅无法长久，最终反遭恶果。

在唐朝武则天掌握政权之时，周兴担任秋官侍郎。他的为人机敏狡诈，手下有数百名无赖，专门告密与构陷他人，手段还十分凶残。

有一天，有人向武则天告密，说周兴将谋反。武后派了比周兴还阴狠的来俊臣去审讯他。来俊臣深知周兴不是容易对付之人，故意不动声色与周兴一同把酒言欢，并请教他如何对付非常狡猾的囚犯。

周兴自鸣得意地说："这还不简单，只要把囚犯放进瓮中，然后架火烧烤，还怕得不到口供？"来俊臣点头拍手，笑着命人搬来大瓮，底下架起炭火，然后对着周兴说："请君入瓮吧！"周兴这才惊觉上当了，只得伏首认罪！

《新唐书·酷吏传》不仅留下"请君入瓮"的成语，也留下足以令后人警惕的反例。所以君子对于饮食与地位都不过分追求，否则伤害了宝贵的德行与生命，那就得不偿失了。

大过，大者过也；栋桡，本末弱也

名句的诞生

象曰：大过，大者¹过也。栋桡²，本末弱也。刚过而中，巽而说行³，利有攸往，乃亨。大过之时大矣哉！

——大过卦·象

完全读懂名句

1. 大者：阳刚的意思。2. 栋桡：栋是房屋的梁柱，桡是弯曲，栋桡就是弯曲的梁柱。3. 巽而说行：大过卦下巽为顺，上兑为悦。说，同"悦"。

语译：象传说：大过，即是大有所过，因为阳刚过于强盛。栋梁会弯曲就是因为梁柱两端太细，无法承受重量。本卦卦象虽然阳刚过盛，但尚能立守中庸之道，具备谦逊、和悦的德行，若能秉此道理行事，有所往则会有所利，必然能够通达。整治大有所过的时机是很重要的啊！

名句的故事

《左传·襄公三十一年》记载，春秋郑国执政大夫子皮想重用年轻、没有什么阅历的尹何担任其封地上的长官，让他借此学习治国的方法，但是子产提出反对意见，认为一个不会用刀的人却要他去割东西，反而会割伤自己；又说，通常我们不会拿漂亮的丝绸给别人练习缝制衣服，但是现在却把广大的封地交给一个没有经验的人去治理，难道封地的百姓们比不上丝绸的价值吗？

子产相当坚持自己的意见，还对子皮说："子于郑国，栋也，栋折榱崩，侨将压焉，敢不尽言。"子产的意思是，子皮对于郑国来说是支撑这个国家的栋梁，栋梁一旦折断，屋子的木头就会坍塌下来，也就是没有了子皮，郑国有可能分崩离析，所以他一定要把实话说出来。

子皮听了子产的长篇大论后，并没有生气，反而更加确认子产对国家的忠心，也更愿意把国家大事交给子产。这就是子产能够执掌郑国大权的原因。

历久弥新说名句

根据《汉书》记载，西汉哀帝是具有同性恋倾向的皇帝。当时，御史董恭的儿子董贤，长得仪表非凡，汉哀帝有一次在宫中遇到董贤，被他深深吸引住，自此开始宠爱董贤，与他同起同坐。汉哀帝爱屋及乌,董贤的妻子、家人,大大小小都获得一官半职,而董贤也开始乱政。就在懦弱皇帝与佞臣的掌控下,汉朝国势日益衰败,终于被外戚王莽取而代之。

东汉史家应劭在评论这段历史时说:"以董贤为三公,乃欲共成天功也。易大过卦'栋桡,凶',言以小材而为栋梁,不堪其任,至于折桡而凶也。"(《汉书·叙传》)指汉哀帝曾经想要册封董贤位至三公,甚至想禅位给他,借此以彰显上天的功绩,而《易》中的《大过卦·九三》说"栋梁弯曲,凶象到来",意即用薄弱的木材当房屋的梁柱,并无法撑起屋子,会导致木材弯折而招来祸害。

换句话说,凡事不要过了头。这个"小材"指的就是董贤,一个没有治国能力者却握有大权,就是大有所过,一点也不适当,终究导致西汉走向穷途末路。

君子以独立不惧,遁世无闷

名句的诞生

象曰:泽灭木¹,大过。君子以独立不惧,遁世无闷²。

——大过卦·象

完全读懂名句

1. 泽灭木:水过多淹没了树木,导致根部腐烂而坏死。
2. 遁世无闷:避开人世也不觉得苦闷烦恼。遁世,远离人世隐居。

语译:象传说:因湖泽大水淹没了树木,水分一下子太多让树木无法存活下去,这就是大过的卦象。君子应以智慧判断,遇到此一状况,就该勇敢地站出来去面对,即使不在高位也不恋眷感叹,退居山野也不觉得苦闷。

名句的故事

汉武帝时,大将李陵率领军队深入匈奴境内,士气非常旺盛。这时,许多大臣都赶着给汉武帝戴高帽子,称赞皇帝的慧眼英明,善于用人。结果李陵因敌众我寡,支援又迟迟未到而战败投降。汉武帝知道后非常生气。这时,许多大臣们又纷纷反过来责骂李陵的无能和对国不忠。

只有司马迁站在一旁冷眼旁观、默默不语,汉武帝便问他对此事有何想法。司马迁直言分析,李陵只带五千步兵,遇上多达八万的匈奴骑兵,不但奋勇迎战,还杀了一万多名敌人,可算得上是一位英勇的将军了。最后因为李广利迟迟未来支援,又被截断归路才被迫放弃战斗的。司马迁认为李陵虽然投降,但其内心是在等待机会伺机报国,将功赎罪。

武帝听他居然为李陵辩护,还批评亲信李广利将军,在盛怒之下将司马迁打入大牢。第二年,北方误传李陵为匈奴练兵的消息,武帝未加求证,就斩了李陵的母亲和妻子,司马迁也受牵连被施以耻辱的"腐刑"。"士可杀,不可辱",司马迁宁可一死也不愿遭受耻辱,但转念一想,若他这样轻如鸿毛的死去不仅无法完成修史的志愿,也得不到世人的同情。司马迁决心忍受屈辱,完成历史巨著《史记》。堪称是"独立不惧,遁世无闷"的一流人物。

历久弥新说名句

明人海瑞在浙江淳安任知县时，总督是严嵩的亲信胡宗宪。有一次，胡宗宪的儿子经过淳安，仗着自己是总督的公子，作威作福，故意嫌驿站的马匹不称心，供应不周到，大发脾气，喝令随从把驿令绑起来，倒挂在树上。

驿站的人慌了，跑到县衙求救。海瑞说："不慌，我自有主张。"他带人来到驿站，一大堆人正围着看热闹。穿着华丽的胡公子还在指手划脚骂人，一看海瑞来，正要向他诉说驿令的不是。海瑞不理会，直接走进驿站，叫人把胡公子带来的许多箱子打开，全都沉甸甸的，原来装着好几千两银子呢。

海瑞当众变了脸，说："这歹徒真可恶，竟敢假冒总督家人，败坏总督官声。上次总督出来巡查时，再三交代地方不可浪费。你们看这歹徒带这么多银子，怎么会是胡总督大人之子，一定是假冒的，要严惩查办！"

于是把几千两银子都充了公，交给国库，还写一封信说明情况，把人押送给胡宗宪。胡宗宪气得说不出话，又怕海瑞把事情闹大，因为是自己人理亏，只好作罢，也不敢声张出去。海瑞此举可说是"独立不惧"与清高守正的典范。

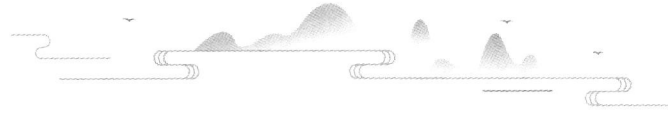

日月丽乎天，百谷草木丽乎土

名句的诞生

象曰：离，丽¹也。日月丽乎天，百谷草木丽乎土。重明²以丽乎正，乃化成天下。柔丽乎中正，故亨，是以畜牝牛³吉也。

——离卦·象

完全读懂名句

1. 丽：依靠、附着的意思。2. 重明：日与月的光辉。3. 牝牛：母牛的意思。

语译：象传说：离是丽，附着之象。好比太阳、月亮都附着在天空中，谷类、草木都附着在土地上。太阳与月亮的双重光明都附着于正道上，因而可以教化天下、成就万物。人如果可以柔和依附在中庸正道上，便能亨通，所以卦辞说像畜养母牛一样、培养柔顺的德性，便可获得吉祥。

名句的故事

万物都有其所依附的道理,这个道理是中立的、纯正的,可以养育万物的。《尚书·尧典》中的记载也阐述了相关道理。

尧在位的时候命令羲氏与和氏,遵循天数,推算出日月星辰的运行规律,制定历法,再谨慎地把这套天时节令传递给百姓,要百姓依循上天的规律行事。

接着,根据实地考察的结果,确定出仲春、仲夏、仲秋、仲冬。

尧的目的在于,确定春、夏、秋、冬四季为一年,将每个季节对人类、鸟兽会产生的影响找出来,据此规定百官应该要做的事情。

舜接受尧的禅让后,也根据北斗七星的运行、规定出七项政事;协调春、夏、秋、冬四季的月份,确定每月天数,让人有所依循。

换言之,将"天象"与"人象"串联在一起,让世人有所依附、有所遵循,大自然运行得当,万物自然也能安置得当。

历久弥新说名句

《太平广记》中有一则故事,据说唐朝武则天在位的时候,刑部尚书张楚金被酷吏周兴所诬构、陷害,武则天在不了解实情的状况下，判了张楚金死刑。张楚金被押往刑场的途中，甚是委屈，因此对天长叹："皇天后土，岂不察忠孝乎？奈何以无辜获罪。"天上的神仙、地上的神灵，难道不知谁才是忠臣孝子吗？为什么会让无辜的人去死？张楚金说完此话，不禁流下泪来，街道两旁送行的人们也跟着为他叹息不已。

不一会，黑云密布，天色顿时暗了下来，仿佛上天对张楚金的话有所感应。这个现象立即传到武则天耳中，武则天马上派人前去刑场降旨，免除张楚金的死罪。只见宣布免除死罪之后，天空的乌云立即散去，并出现了祥瑞的云彩，百姓都说这是张楚金忠心正直的最佳证明。

如果太阳与月亮都必须依靠自然的道理运行，更何况是国家的治理者呢？

大过，大者过也；栋桡，本末弱也

日昃之离，不鼓缶而歌，则大耋之嗟

名句的诞生

九三，日昃[1]之离，不鼓缶[2]而歌，则大耋[3]之嗟，凶。

——离卦·九三

完全读懂名句

1. 日昃：太阳西斜。2. 缶：否，乐器名，古代人用瓦制成的敲击乐器。3. 大耋：年高的人。

语译：离卦的第三爻说，夕阳西下，就有如人生开始步入老年，这时如果不能敲打瓦器、高声唱歌地度过晚年，就难免会有即将衰老死去的哀叹，这样必然会遭遇凶险。

名句的故事

《墨子·三辩》："昔诸侯倦于听治，息于钟鼓之乐，士大夫倦于听治，息于竽瑟之乐，农夫春耕夏耘，秋殓冬藏，息于聆缶之乐。"以前的诸侯处理国事太累了，就会以欣赏编钟、乐鼓所演奏的音乐，来作休息；士大夫处理政事太累了，就会欣赏吹竽、弹瑟所演奏的音乐，来作休息；农夫春天耕种、夏天除草、秋天收割、冬天贮藏，工作累了，也会敲击瓦盆、高声唱歌，来作休息。

所以人老的时候可以"鼓缶而歌"，是一件快乐的事情，也代表过着朴素简单的生活。如同《离卦·九三·象》上所言："日昃之离，何可久也！"夕阳西下，好比人生已步入老年，生命还能有多长久呢！其实，这也是在暗示人要懂得急流勇退，不要恋栈权位，老年该享受老年的生活，如果舍不得放手，那就会招致祸害。

历久弥新说名句

《史记·廉颇蔺相如列传》记载，秦国连续出兵攻打赵国，不仅占领赵国的城池，还派使者前去赵国炫耀，表达想与赵王交好，希望能在渑池相会。赵惠文王迫不得已答应，带了蔺相如随从同去。秦昭襄王一时喝酒过多，便忘情地说："我听说赵王喜欢音乐，可否请赵王演奏瑟？"赵王只好遵命弹瑟。秦国的御史则走上前写道："某年某月某日，秦王与赵王会饮，命令赵王弹瑟。"

蔺相如看罢也上前去说："赵王听说秦王擅长演奏秦国的音

乐，请让我捧着瓦盆，给秦王敲一敲，互相娱乐吧。"秦王一听便生气了，不肯答应。蔺相如则是捧着瓦盆，趁势跪下，要求秦王敲打，秦王不肯。蔺相如威胁说："在五步之内，我可要把颈项里的鲜血溅到大王身上了！"秦王身旁的人想要杀蔺相如，却被蔺相如喝退。于是秦王很不高兴地敲了一下瓦盆。蔺相如便命赵国的御史写下："某年某月某日，秦王为赵王击缶。"

为什么蔺相如请秦王击缶，秦王会有如此大的情绪反弹？因为春秋战国时期的社会有各式礼仪，其中乐器的演奏搭配，不仅是文化的表现，也是社会地位的象征。秦国地处西陲，文化素养远不如当时的华夏民族，秦人的音乐就是击瓦盆、用手拍着大腿打拍子。秦昭襄王意图逐鹿中原，却被蔺相如提醒自己是来自一个文化落后的国家，让秦昭襄王万分难堪，对蔺相如而言，这也为赵国扳回了颜面。

天地感而万物化生

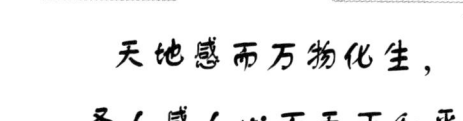

天地感而万物化生，
圣人感人心而天下和平

名句的诞生

彖曰：咸，感[1]也。柔上而刚下，二气[2]感应以相与，止而说[3]，男下女[4]，是以亨，利贞，取[5]女吉也。天地感而万物化生，圣人感人心而天下和平。观其所感，而天地万物之情可见矣。

——咸卦·彖

完全读懂名句

1. 感：交感、感应。2. 二气：指阴、阳二气。3. 说：同"悦"，喜悦、悦慕。4. 男下女：男子依循礼制，主动下求女子。5. 取：同"娶"。

语译：彖传说：咸，是指相互交通感应。因为咸卦的上卦为阴柔的"兑"、下卦为阳刚的"艮"，代表阴柔的力量往上而阳刚的力量向下，阴、阳二气得以沟通感应、两相亲和。这象征着能

平静地融洽共处并产生悦慕的情状,就如同稳重自制的男子,以谦虚的态度追求女子,并遵循礼俗迎娶她。因此,这个卦象代表:"亨通,持守正道将利于自己,是一个吉利的贞卜,用在娶妻上,可获吉祥。"天地相感而万物化育生成,圣人、明君以仁义德行感动人心,所以天下能和谐太平,只要仔细观察这种交通感应的现象,就能明白、通晓天地万物的性情姿态了。

名句的故事

咸卦的组成是下艮上兑,下艮是阳卦,上兑是阴卦,无论从卦体本身或者各个卦爻来看,都是阴柔之气上升、阳刚之气下降的现象,从而构成清楚的阴阳对应关系。所以此卦名为咸,就是取其"交感"之义,说明阴、阳二气密切交融、相互感应,更促使了万物安稳通泰、天下和睦太平的主旨。

咸卦通常在揭示男女之间相互感应的各种情状,并讨论其中的是非得失。而《咸卦·象》则是在阐释卦名、卦辞、卦象,以及推演至自然与社会领域时,所产生的重要意义。依照《咸卦·象》叙述,天地阴阳相互感应,万物依此得以化生,但是这种感应方式,当以贞正、正道为准则,而天下最容易相感的莫过于男女之间的关系,其认为,只要男子笃实谦下,以诚相对,女子自然内心喜悦而与之相应相随。

《咸卦·象》把阴阳二气的感应理论推及到男女之情、婚娶之礼与夫妇之道,再进一步发挥,引申出"天地感而万物化生,圣人感人心而天下和平",并以此作为基础,扩展到社会人事,乃至整个自然界。

在古人的观念中,"感通"的对象通常有上下、尊卑等级;"感通"的媒介,则是天地间的阴、阳消长,以及人类自身的良知与德性。所以只要物类之间能以正道相感、以诚敬相待,自然可获得"吉"、"亨"的通泰局势。统治者若能详细观察宇宙万物的感应情形,就可以更进一步知晓与把握自然、社会的各种现象及规律,并应用在更深一层的治国大业上。

历久弥新说名句

天地万物都是在相互对立的情况下,又能相互交流感应,依此构成一个和谐的统一整体。这是《易》从自然界与社会人事的观察中,所得出的结论,也是《易·系辞上》所谓的"感而遂通"。古代学者便常利用观察方法,推演出足以比拟于现实人生的处世哲学。孔子曾站在河边,观看不停奔流的河水,然后感叹道:"逝者如斯夫!不舍昼夜。"(《论语·子罕》)对于岁月时光不断逝去的现象,感到无胜唏嘘。老子也从水的滋养功能、无固定流向,以及积于卑下之处的特性,说明自愿利他、柔弱不争、甘居下位的处世态度,故云:"天下莫柔弱于水。"(《老子·第八章》)"上善若水。水善利万物而不争,处众人之所恶……"(《老子·第七十八章》)

《咸卦·彖》中"天地感而万物化生,圣人感人心而天下和平"，便归纳自宇宙万物的交感现象与生长规律。这种"感通"方式足以印证在自然与社会中的各个领域，而且感通过程的成败，也以"正道"的落实与否，作为主要关键。孔子有言："为政以德，譬如北辰，居其所而众星共之。"（《论语·为政》）正是在说明，国君若能凭借道德来治理国政，大臣、百姓就会如众星拱月一般，服从并拥戴他，像北极星的居中不动，且受到众星有规则的环绕一样。老子也说："道常无为，而无不为。侯王若能守之，万物将自化。"（《老子·第三十七章》）认为统治者只要秉持虚静自然的天道来执政，天地万物会自动且有规律地生成变化，根本不必要以繁文缛节来框限它们。

反之，执政者若是不能通晓宇宙万物律动之理，或者疏于国事，甚至吝于施行仁政，如周幽王宠幸褒姒、耽于享乐、漠视民生百姓；唐玄宗宠幸杨贵妃、放任李林甫与杨国忠等大臣滥权，这些都是男女、君臣不能以正道相互感应的明例，最终落得荒废朝政而自取灭亡的窘境。

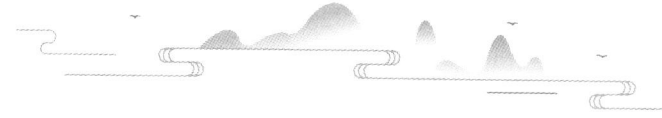

君子以虚受人

名句的诞生

象曰:山上有泽¹,咸。君子以虚²受³人。

——咸卦·象

完全读懂名句

1. 山上有泽:咸卦是"下艮上兑"的组合,"下艮"象征"山","上兑"象征湖泊大泽,故云。2. 虚:谦虚、虚心。3. 受:接受、接纳。

语译:象传说:艮为山,兑为泽,象征山头上面有大泽,山、泽通气而互相感应,这是咸卦的象征。君子应效法山这种包藏、容纳的特性,以虚心谦下的态度接纳他人。

名句的故事

《咸卦·象》认为,既然"泽"在"山"上,表示山顶之上

还有湖泊池泽,所以这座山必须承载湖泊,而湖泊在山上,也必然向下浸润,滋养底下的山。这是《易·说卦》以"山泽通气"作引申,说明二者之间的两相交感。

《象传》透过对自然界的观察,一方面说明咸卦的交感现象;一方面受到"山上有泽"的启示,体会到山的"承载"、"容纳"等特性,由此引申出:君子以虚怀谦下的态度,接受他人的想法与意见,使人与人之间的感情相互交流,达到上、下沟通良好的状况。《咸卦·象》把"山上有泽"的卦象,提升至包容一切、以虚受人的义理层次,延伸出君子应当效法此卦的精神,使自己的心胸像山谷一般深广大度,进而感化周遭众人。

历久弥新说名句

北宋名臣吕蒙正最为人称道的是对别人过错的宽宏。当他被拔擢出任副宰相参与朝政时,有人在宫廷里远远指着他说:"那么年轻的小子,居然也当上了副宰相啦!"此人故意说给吕蒙正听,吕蒙正听到了却是装着没听见的样子走过去。同行的一位同事深感不平,准备去打听那人的官职与姓名,但被吕蒙正制止了。这位热心的同事退朝后还愤愤不平,懊悔未能及时问出那人是谁。吕蒙正便对同事说:"老兄,你大可不必记在心上。如果知道了人家的名字,恐怕这一生再也忘不了。这又何苦呢?"听到这话的人,没有不赞佩吕蒙正的宽容大量。这便是"宰相肚里能撑船"典故的由来,旨在告诉我们,要成就大事业,必须做到中无私主、不存成见,并以宽容大度的胸襟怀抱他人。日后又衍生出"公侯肚里跑得马"、"将军肩上能跑马"等语,都与《咸卦·象》的"君子以虚受人"相合。

"虚心受教"是常用来自勉的处世观念。《左传·文公元年》记载"凡君即位,卿出并聘,践修旧好,要结外援,好事邻国,以卫社稷,忠、信、卑让之道也。忠,德之正也。信,德之固也。卑让,德之基也。"意指凡是新君即位,就要派卿士到各国访问,并继续发展过去的友好关系,约定和结交外援,善待邻国,借以保卫自己的国家,这是忠、信、卑让的正道。忠诚是德行纯正的表现;信义是道德稳固的表现;谦让是品德的基础。这都在强调,谦卑宽容、恭敬礼让,是道德的根本基底。《老子·第六十六章》也说:"江海所以能为百谷王者,以其善下之,故能为百谷王。"海洋能成为"百川之王",正是因为它处在卑下地位,故能接受天下河流的汇归。

正所谓:月圆之后,便逐渐走向缺损;器皿装得太满,就会向外溢出。在现代社会中,虚怀若谷、以虚受人的处事态度依然十分受用。

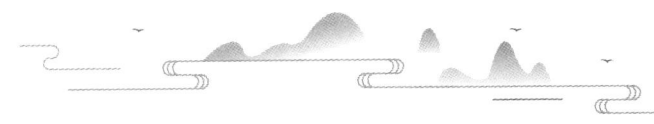

日月得天而能久照，四时变化而能久成

名句的诞生

彖曰：恒，久也。刚上而柔下，雷风相与¹，巽而动²，刚柔皆应³，恒。恒，亨，咎，利贞，久于其道也。天地之道，恒久而不已也。利有攸往⁴，终则有始也。日月得天而能久照，四时变化而能久成，圣人久于其道而天下化成。观其所恒，而天地万物之情可见矣。

——恒卦·彖

完全读懂名句

1. 雷风相与："震"象征"雷"，"巽"象征"风"，恒卦的组合是"下巽上震"，故称。2. 巽而动：即风（巽）顺随雷（震）而动。3. 刚柔皆应：指此卦中阴爻的"初六"（--）与阳爻的"九四"（—）、阳爻的"九二"（—）与阴爻的"六五"（--）、阳爻的"九三"（—）与阴爻的"上六"（--），均能彼此阴阳交相应合。4. 攸往：有所前往的意思。

语译：彖传说："恒"，是永恒、长久的意思。阳刚的"震"居上，阴柔的"巽"在下，象征雷与风相互助长，随顺而运动；而三个代表阳刚的爻位，与三个代表阴柔的爻位，六爻皆能相应相与，所以能恒久不变。卦辞说："恒卦，表示亨通，没有灾咎，只要坚守正道，将会带来吉利。"这是说必须固守恒常正道，才能长久而无祸害。天地运行的规律，恒久而永不停止。卦辞说："能持续地往来变化是有利的。"这说明事物的发展，总是循环不已、终而复始。日月顺天道而行，所以能长久照耀天下；四季不断更迭变化，造就了有秩序的万物生长；圣人恒久的坚守正道，所以天下百姓能得到教化而形成文明盛世。观察恒卦所说的各项恒久变化常道，就能体会天下万物的普遍现象与规律。

名句的故事

恒卦的卦体是"下巽上震"，而卦名作恒，取自"恒久"之义，指事物存在于一种既会变化却又能维持平衡稳定的秩序中。《恒卦·彖》为了印证此道理，提出四点作说明：第一，与咸卦不同，恒卦把阳刚强健的"震"居上、阴柔和顺的"巽"在下，这是传统"阳尊阴卑"的常理。第二，"震"象征雷，"巽"象征风，雷动风随，彼此相搏而不相悖，这也是常理。第三，"巽"为顺，象征长女或妇道；"震"为动，象征长男或夫道，这是长男在上而长女在下的上下、尊卑有序，且夫唱妇随、妇随夫动，这也是常理。第四，恒卦中的六个爻位，三刚、三柔皆互相呼

应,代表阴阳中和平衡稳定,这也是常理。

《恒卦·象》认为,只要是常理,就具有相对的不变性。当各个"相对的不变性"合而成为一整套绝对性的规律循环变化时,就是恒久的常道了。《恒卦·象》为了说明这种恒久变化而永不止息的常道,《恒卦·象》也提出三点:首先,日月常悬而有规律的盈亏变化;再者,四季常变却有恒定的交替往复;最后,圣人能掌握常理与常道,并致力于效法、运用这些循环变化模式,以化成天下。

由此可见,恒卦所谓恒久并非一成不变,而是在持续的发展变化中,趋于稳定平衡,所以"雷震风行"的卦象告诉世人,世间事物能恒久成序,其实是许多变化、运动的累积。《恒卦·象》更进一步解释:没有和谐的交相感应,就没有稳定正常的秩序,所以每个事物的对立面,诸如阴阳、刚柔、上下、尊卑等,若能彼此来往、互动,在不断的协调并济下,达到自然或社会的最理想状态。

历久弥新说名句

《庄子·齐物论》中有云:"日夜相代乎前,而莫知其所萌。已乎,已乎!旦暮得此,其所由以生乎!"认为昼夜的交替往复,是众人皆晓却又无法得知由何者所支配的现象,但是如果能理解它的运行规则,就足以领悟天地万物生化消长的法则了。

另外,《庄子·天道》提到:"天道运而无所积,故万物成。"

说明天道的运转，永不停顿，所以造就了万物的生成，其后又云："春夏先，秋冬后，四时之序也。万物化作，萌区有状；盛衰之杀，变化之流也。"说明不断交替循环的四季，具有固定的顺序；尽管万物的生长状况、姿态面貌皆不同，却都能统归出相同的变化规则。《庄子·秋水》借由掌管黄河的神河伯之口阐述："消息盈虚，终则有始。是所以语大义之方，论万物之理也。"同样认为万物反复不断的盛衰生灭，是天道必然的趋向。

君子以立不易方

名句的诞生

象曰：雷风，恒。君子以立¹不易方²。

——恒卦·象

完全读懂名句

1. 立：树立。2. 方：方位、方向，此指"道"的轨迹，亦即正确的方向与原则。

语译：象传说：震雷和巽风彼此相随、相助而不相悖，这是恒卦的象征。君子应效法这种精神，以树立自己恒久的方向，并且屹然不改其道。

名句的故事

恒卦的大旨，本在揭示一个世间永恒不变的真理，借以说明有为的君子，不论立身处世，都应当坚守正道，并且持之以恒。

《恒卦·象》特别指出，雷、风虽然看似万般不定、变化无常，但是它们永远是"雷起风发"、"雷震风随"，具有相对不变的恒常性。雷与风作为自然现象，都能在千变万化中遵循恒常之理，这种万变却不失其常道的精神，便是《易》作者体察自然界后所欲效法的目标，并由此出发勉励君子，为自己设立一个恒久不变的正确方向，正如《孟子·公孙丑上》提到曾子引孔子所言"虽千万人吾往矣"的精神，笃志前往、无所畏惧！

历久弥新说名句

《恒卦·象》所强调的"君子以立不易方"，可在《论语·为政》中找到实践。孔子自述其笃志于学的情况而说："吾十有五而志于学，三十而立，四十而不惑，五十而知天命，六十而耳顺，七十而从心所欲、不逾矩。"由此可知，孔子十五岁时便一心向学，一直坚守着自己所订立的人生目标，因而能在往后的岁月里，谨守本分，不致逾越法度与规矩。

在《论语·述而》中，孔子提到"志于道"，而《论语·子罕》则谓"匹夫不可夺志也"，都是在勉人立志向道、专心追求真理，且方向一经确立，就必须守志不移，即便居于困境，也不改其志。为了强调这个观点，孔子在《论语·卫灵公》甚至言词激烈地说："志士仁人，无求生以害仁，有杀身以成仁。"君子一旦把落实仁义之道，当作自己的终生目标，即使为了达成这个目

标而必须牺牲生命，也在所不辞。

尽管每个人的目标或理想不同，个人志向也可大可小，但是只要方向正确、合乎正道，都应该尽力去追寻。同样出自《论语·卫灵公》："子贡问曰：'有一言而可以终身行之者乎？'子曰：'其恕乎！……'"便是将忠恕之道，作为终生奉行的目标。《孟子·滕文公下》也谈到孔子曾以"志士不忘在沟壑，勇士不忘丧其元"一语，来赞美管理宫廷花圃田园的无名小官，即便因固守正道而困死在田园山沟里，也从不悔恨。借此说明有志气的人，总是能为自己设立一个属于自己的正确目标，并且毫不犹豫地勇往直前。

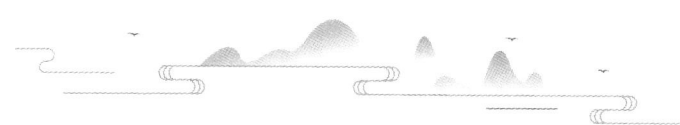

不恒其德，或承之羞

名句的诞生

九三，不恒其德，或承¹之羞²，贞吝³。

——恒卦·九三

完全读懂名句

1. 承：承受。2. 羞：羞辱。3. 吝：悔恨、可惜。

语译：恒卦的第三爻，象征不能恒久保持原本美好的德行，将会蒙受耻辱，所以当守持贞正以防止遗憾发生。

名句的故事

《恒卦·九三》的爻位以阳刚的属性，居于卦体中阳刚的位置，这种"以阳刚之爻居阳刚之位"的情形，在《易》中本来应该是"具有贞正之德"的象征，不过，由于《恒卦·九三》落在下卦（巽）的最上位，使它必须上应于上卦的阴爻"上六"，如此一来，形成躁进求上、急于求成的趋势，或陷入不满现状、不安于位的缺失中，而无法确实恒守固有的本性。这种太过刚强的个性，有违常理，故爻辞以"不恒其德"称之。一旦堕入悖于持守常道而行的情况，将会遭受羞辱，落得无处容身的地步。

由此可见，《恒卦·九三》爻辞强调，一个人即便坐落在良好的位置，也当切记恒守常道，若是躁动盲进，随之而来的就是遭受羞辱，导致前功尽弃。所以，为了避免遗憾发生，必须恒久保持个性上的中道，时时调整自己的行为，千万不要因为一时的阳刚躁动，让自己蒙受不白之冤！

历久弥新说名句

《恒卦·九三》的爻辞"不恒其德，或承之羞"，可得见于孔子的言论中。依《论语·子路》记载，孔子曾谓："南人有言：'人而无恒，不可以作巫医。'善夫！'不恒其德，或承之羞'。"仲尼此语，可谓寓意深远，因为在古代的社会中，巫医算是"小道"，社会地位也不高，但是孔子认为，要做得出色，也是需要恒心与毅力。

而人若能恒久地持守其德行，始终依循道理行事，关于祸福吉凶，已十分清楚，根本不需要占卜了！这是孔子对"急于求成"性格的严肃责备，所以举南方人的俗谚，及《恒卦·九三》的爻辞，借此说明：无法持之以恒的人，便会一事无成。

《礼记·中庸》则言："诚之者，择善而固执之者也。"一般，择善之后，还需持之以恒的固执，才能真正走向至善的境界。这个观念十分贴近《易》所诫勉的"不恒其德"一语，因为恒卦所欲揭示的，正是立身处世时的"坚持正道"与"持之以恒"，而且此二者必须同时进行，不可偏废，否则很难成就长远的事业。历史上便有许多本欲图强、立意良好却因不能持守正道而最终败亡的例子。例如王莽篡汉，建立新朝，但本身并非正道，日后也未实行正道，新政便在短短几年内烟消云散。

所以，《恒卦·九三》的"不恒其德，或承之羞"并非威胁恐吓之语，《论语·子路》中孔子讲的"欲速则不达"也不是空话，它们都是经验累积下所淬炼出的重要义理。

妇人贞吉，从一而终也

名句的诞生

象曰：妇人贞吉，从一而终也；夫子制义¹，从妇凶也。

——恒卦·六五·象

完全读懂名句

1. 制义：以义理裁度事情。制，裁制。

语译：象传说：妇人若是恒守贞洁德行，可获得吉利。这是代表妇人嫁给她的丈夫，并且终其一生服侍顺从。而男子则必须以义理裁制事宜，如果像妇人一样，以依顺、守静的态度行事，必然会招致凶险。

名句的故事

《恒卦·六五》与《恒卦·九三》的"不恒其德"正好相

反,《恒卦·六五》的爻位居恒卦之主,象征"居中守常";且"六五"是阴爻,本具柔顺的属性。这种象征柔顺谦恭、不会见异思迁的情状,不仅是美德,也恰当表现古代妇女应有的行为。

不过话锋一转,出现了"从妇凶"的警语,认为女子嫁为人妇,必须从一而终、守常不变,这种品德固然良好,但君子若是完全不知变通,把整个概念套用在生活或事业上,唯唯诺诺、一味听从的柔顺个性,反而会失去衡量义理与判断是非的能力,陷入优柔寡断、任人摆布的窘境,如此一来,必然会遭遇凶险。换句话说,此爻之《象》意在强调,妇人能恒久不变地持守这种柔顺之德,固然是一件吉事,而君子虽深知此理,也应当因时制宜、灵活运用,必须针对不同对象、根据不同处境,作出最适宜的调整。

历久弥新说名句

恒卦强烈主张,立身处世必须恒久固守某个理念,或者坚守自己的立场与应有的德行,但是这种守恒的态度,也应该要随着时空背景的不同而加以调整。所以恒卦透过男女个性与职分的不同,说明世人即便身处在同一个生活团体里,所采取恒守的方式与事物,仍具有相当大的差异性。《恒卦·六五·象》的"妇人贞吉,从一而终也"一语,可以是家庭结构的夫妇关系,也可以向外延伸,将"夫"比拟作"国君","妇"比拟作"朝臣",对象扩展至政治上的君臣关系。

在古代,"从一而终"被视为妇女的美好品德之一。在中国最早的诗歌总集《诗经》中,有不少歌颂的诗篇,如其中的《柏舟》便描述守节妇女的自誓:"泛彼柏舟,在彼中河。髧彼两髦,实维我仪。之死矢靡它。母也天只!不谅人只!"意思是:飘荡的柏木小舟,就在河的中央。那个垂发在两边的男子,才是我心仪的对象,我发誓至死都不会变心的。母亲啊!上天啊!为何不能谅解我!《诗序》解释,诗中女子是共姜,她嫁给了卫国太子共伯,两人鹣鲽情深,然而共伯不幸早死,共姜立志为夫守节,不再改嫁。但是父母不懂她的想法,强令她另配他人,共姜坚决不肯,而写下这首诗以明自己誓不改嫁的决心!其中"母也天只"可解读为对亲情的呼唤,希望获得父母的谅解。这也是成语"柏舟之誓"的典故。

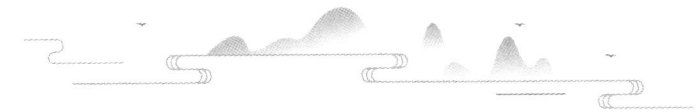

羝羊触藩，不能退，不能遂

名句的诞生

上六，羝羊¹触藩²，不能退，不能遂³，无攸利，艰则吉。

——大壮卦·上六

完全读懂名句

1. 羝羊：就是公羊。2. 藩：篱笆。3. 遂：到达前往的目的。

语译：大壮卦的上爻象征由盛转衰时，仍莽撞前行，就像公羊的角顶撞到篱笆而被卡住，既不能后退，也不能前进，做什么都没有用，此时若能坚持自守，就可以脱困，获得吉祥。

名句的故事

《封神演义·第七回》中有一段提到，商朝姜皇后每次听到寿仙宫传来音乐之声，便知纣王又与妲己在嬉乐飨宴，姜皇后几

番劝戒纣王远离酒色，只是徒增纣王的反感。一日，妲己前去朝拜姜皇后，受到站在一旁的贵妃斥责："迷惑天子，朝歌暮舞，沉湎酒色，拒谏杀忠，坏成汤之大典，国家之安危。"妲己一听，真是气坏了，心中盘算着要如何报复。

妲己勾结中谏大夫费仲，设计刺客谋杀纣王，再把谋逆之罪诬陷给姜皇后。纣王自是雷霆大怒，要严惩姜皇后，而姜皇后秉性忠良，怎会愿意背起教唆杀人的黑锅呢？妲己又设计酷刑，挖掉姜皇后的一只眼睛，姜皇后还是不肯招供，纣王看着多年妻子的眼睛，心中非常不忍，反倒责备妲己太过轻率行事。

心狠手辣的妲己告诉纣王，如今已经走到这一步，无法回头了。小说描写此时"纣王沉吟不语，心下煎熬，似羝羊触藩，进退两难"，最后只好让妲己继续操弄酷刑，姜皇后终因承受不了酷刑而丧命，也掀起妲己祸国乱政的一页。

历久弥新说名句

根据《清史》记载，康熙皇帝带着征西大将军图海，率领大军，一起远征西域的噶尔丹。不料途中遇到大雪，大军就这样被困在山里，也因暴雪阻碍了通道，使得后面的军粮无法按时接济。康熙皇帝为此焦急不已，急忙召图海商议如何解危。

图海提出，当下最好的办法就是向当地百姓征调粮草，此外别无他法。爱民如子的康熙，并不愿意强征老百姓的粮食，于是下令要求大军忍耐几天，然后再兵分两队，一队负责铲雪辟路，另一队到山里打猎觅食。

事实上，当地居民早就知道皇帝率领大军亲征，看到天候不佳，暗自担心军队会抢夺他们的粮食，因此家家户户早都关紧门户。然而，街上许久静悄悄的，有些人便出来查探，看到大军在挖通道路、进山打猎，而非抢掠他们的食物，都相当感谢皇帝的恩德，于是百姓们反倒自动自发献上食物给大军。在康熙皇帝"羝羊触藩，不能退，不能遂"之际，仍坚持优先照护老百姓，也因此为他自己化解了一场危机。

锡马蕃庶，昼日三接

名句的诞生

象曰：晋，进也。明出地上，顺而丽乎大明，柔进而上行，是以康侯用锡¹马蕃庶²，昼日³三接也。

——晋卦．象

完全读懂名句

1. 锡：通"赐"，赐与、赐给。2. 蕃庶：众多的意思。3. 昼日：比喻一天。

语译：象传说，晋是进展的意思。上离为火，下坤为地，像火一样的光明出现在大地上，象征君主能和顺地倚赖着这样的光明，柔和地前进并向上发展。所以卦辞说，康侯用御赐的马匹繁衍出更多马匹，相当有贡献，一天之内受到三次的召见。

名句的故事

根据顾颉刚先生在《周易卦爻辞中的故事》一文中考证，《晋卦·象》中的"康侯"，因为受封于"康"，所以称之为"康侯"，又因为他是周武王的弟弟，所以称为"康叔"，就像管叔、蔡叔的名号一样。而"康侯"这两个字是顾颉刚从周朝的鼎的铭辞上考证出来的，康侯与康叔就是同一人，也就是《尚书·康诰》的男主角。

顾颉刚又说，康侯的故事其实也已经失传很久了，但是如果就卦辞本文来看，应该是发生在西周建国初年时，康叔曾在他的封国内，有繁衍马匹的显著功绩，而康叔可能还是周人克殷之后姬姓族人受封的第一人，自然他的事迹在当时有着指标性的意义。

孔颖达在《易周正义》中解释："昼日三接者，言非惟蒙赐蕃多，又被亲宠频数，一昼之间，三度接见也。"被"昼日三接"的人，不只是获得了很多赏赐，还受到皇帝亲自赞赏，一天之内得到三次的召见。

简单来说，这个晋卦是指一个人的作为受到上司相当的肯定，所以能够晋升得很快。在此前进发展之际，更要注意自身的品德，坚持光明中道，不可进长过度。

历久弥新说名句

历史上有人因建功立业而享有"昼日三接"的荣宠,但更多情况恐怕是想见上皇帝一面也难。宋人洪迈的《容斋随笔》有一则小故事,南宋抗金名将李纲,原本只是担任太常少卿之职,后来在北方金人咄咄相逼、朝政混乱未安之际,被拔擢为兵部侍郎,但是这个职务的任命始终不具正当性,因为李纲并未正式获得皇帝的召见。

几天之后,金兵严重威胁到都城开封,宋钦宗和宰相等执政大臣正加紧讨论因应对策。当时李纲有紧急的军情要秉奏皇帝,却被守门的人挡住了,因为要等宰相退朝后才可以进去。李纲便守在门外等待,无意间一听,惊觉事态严重,因为大臣们正在劝说皇帝赶快逃跑。于是李纲不顾一切进去反驳这些大臣的意见,坚持要力守都城。宋钦宗便问,那谁可以担任守城的将帅?李纲立刻毛遂自荐,表达自己报国的决心。

站在一旁的宰相便建议将李纲拔擢为礼部尚书,李纲认为不够,后来宋钦宗便决定将他升任尚书右丞,也就是副宰相。李纲立刻要求更换朝服,当场答谢皇恩浩荡后,便展开他为期仅七十五天的副宰相角色。李纲虽然抗金有功,但是并未受到皇帝的荣宠,反而让奸臣更加处心积虑地陷害他,最后被驱逐出朝廷,不得志而终。

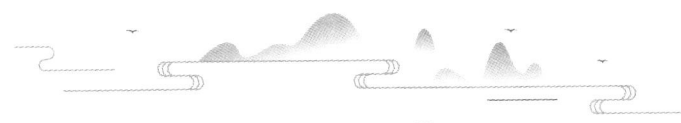

明夷于飞，垂其翼；
君子于行，三日不食

名句的诞生

初九，明夷¹于飞，垂其翼²。君子于行，三日不食，有攸往，主人有言。

象曰：君子于行，义不食也。

——明夷卦·初九

完全读懂名句

1. 明夷：太阳在地平面以下，无法大放光明。形容贤人不得志的情况。2. 垂其翼：敛翅不飞。

语译：明夷卦的第一爻是阳爻，在太阳落下时，就该敛翼不飞。有德的君子在该离去的时候，即使会三天没有食物可吃，也应该立刻离去，否则只会招致怨言。

象传说："君子在该离去的时候，即使没有食物可吃，也要遵守道义离去。"

名句的故事

《左传·昭公五年》记载，鲁国大夫叔孙豹出生的时候，他的父亲庄叔用《易》占得了《明夷卦·初九》："明夷于飞，垂其翼。君子于行，三日不食，有攸往，主人有言。"卜人庄丘解释如下：《明夷卦·初九》的卦象是太阳尚被地面遮掩。就时间来看，是"旦日"，就地位来看，是"大夫"，所以说叔孙豹会继承庄叔的大夫之位。不过，"垂其翼"代表无法顺利地展翅飞翔，"君子于行，三日不食"代表没有食物可吃，"有攸往，主人有言"代表工于谗言的小人会获得胜利。庄丘并肯定地说："这个小人，名字有个'牛'字。"

叔孙豹长大后，离开故都而前往齐国，在路上与一名寡妇私通而生下儿子竖牛。等叔孙豹带着正室所生的两个儿子从齐国回来，已经是多年以后的事了。叔孙豹的旧情人听说叔孙豹回来，就与私生子竖牛一起去找他。叔孙豹见私生子长大成人，于是将其留在身边管理家务。竖牛有心谋夺家产，设计陷害两个兄弟。叔孙豹听信竖牛的谗言，杀了两个儿子。

后来叔孙豹因病倒下，竖牛赶走其他人，说要独自照顾父亲，并且不准任何人见叔孙豹。竖牛不给叔孙豹任何食物，叔孙豹因而活活饿死，果真应验了庄丘的预言。

历久弥新说名句

孔子周游列国,到了齐国。齐景公向孔子请问为政的道理,孔子说:"君君,臣臣,父父,子子。"国君要做国君该做的事,大臣要做大臣该做的事,当父亲的要做父亲该做的事,当儿子的要做儿子该做的事。齐景公听了孔子的话,十分认同,打算把一块地送给贤能的孔子。

齐国的丞相晏婴得到这个消息,前去晋见齐景公,说孔子的学说迂阔难行,不足以治国。齐景公因而打消了送地给孔子的念头,并疏远了孔子。

齐国的大夫对孔子感到不满,扬言要杀害他。孔子向齐景公报告了这件事,齐景公敷衍地说:"我老了,管不动他们。"听到这种话,孔子知道齐景公的心意,就返回住所。那时连米都还没洗好,更甭提下锅烹煮。孔子说:"把水里的米捞出来,我们走!"连饭都来不及吃就离开了齐国。《孟子·万章下》说,"孔子之去齐,接淅而行",指的就是这件事。

孔子到过许多国家,遇过许多困厄,甚至受困在陈、蔡之间,没有食物可吃。子路向孔子提出质疑,孔子只答道:"君子固穷。"强调在困穷的情况下仍坚守节操,其理念实与《明夷卦·初九·象》之"君子于行,义不食也"完全契合。

父父、子子、兄兄、弟弟、夫夫、妇妇

名句的诞生

象曰：家人，女正位乎内，男正位乎外，男女正，天地之大义¹也。家人有严君²焉，父母之谓也。父父、子子、兄兄、弟弟、夫夫、妇妇，而家道正，正家而天下定矣。

——家人卦·象

完全读懂名句

1. 大义：大道理。2. 严君：严正的家长。

语译：象传说：家人卦象征妇女在内，以正道守其位；九五阳爻居外卦的中位，象征男人在外，以正道守其位。男外女内，皆能以正道守其位，则是天地间的大道理。一个家庭里面，有庄严而受到子女尊敬的家长，那就是父母亲。父亲像个父亲，儿子像个儿子，兄长像个兄长，弟弟像个弟弟，丈夫像个丈夫，妻子像个妻子，家道就此端正，家道若是能够端正，天下也就安定了。

名句的故事

所谓"家人",是全家成员的统称,当一个家庭形成时,就必须以家庭该有的常道来规范每个成员,所以《易》作者认为,有家庭就会有"家道",而"家人"正是论述"家道"之卦。

儒家一向主张,天下之本在于国,国之本在于家,家齐而后国治,国治而后天下平。换句话说,家庭伦理是社会伦理与政治伦理的基础。家庭中,父母有如一国之严君,一家之尊就是父母,父母严正,并且以身作则,然后才能父慈子孝,兄友弟恭。丈夫有义、妻子顺从,两人各尽其道,而后家道端正,家道正则天下定。推究其源,治天下之道,实乃将持家之道推而行之于外。

"父父、子子、兄兄、弟弟、夫夫、妇妇"的家庭伦理向外延伸,即是古代传统社会的"君臣有义",君臣之间以道义结合,国君要有国君的样子,必须尊重臣子,视他们为辅助自己治理天下的人,而不是供人使唤的奴仆。人臣也必须尽忠职守,以协助国君治理天下为己任。只要上下都固守本分,并秉持这样的理念来治国,百姓必定心悦诚服,国家当然能够长治久安。

历久弥新说名句

《论语·颜渊》记载,齐景公曾问政于孔子,孔子回答:"君

君,臣臣,父父,子子。"景公听完之后,便有所体悟地说:"善哉!信如君不君,臣不臣,父不父,子不子,虽有粟,吾岂得而食诸!"孔子的意思是,为君者要使自己符合于君道,为臣者要符合于臣道,为父者要符合于父道,为子者要符合于子道。齐景公觉得这番道理说得太好了,因为如果做君王、做臣子、做父亲、做儿子的不尽应尽的义务、负该负的责任,天下就会大乱,纵然有米粮也吃不到啊!

若更进一步来看"君臣之道",二者虽然处于相对的位置,却又互助互益,君择能臣而用,臣择明君而侍。明君当前,臣子自然宵衣旰食,无怨无悔;遇到平庸之君,则谨言慎行,做好分内之事。若不幸遇到昏君,便效法孔子在《论语·公冶长》所言:"道不行,便乘桴浮于海。"告老还乡,远离是非之地,这是为臣者面对不同君王的相处之道。

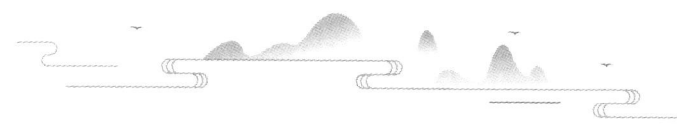

君子以言有物,而行有恒

名句的诞生

象曰:风自火出[1],家人。君子以言有物[2],而行有恒。

——家人卦·象

完全读懂名句

1. 风自火出:家人卦上卦(外卦)为巽,巽为风;下卦(内卦)为离,离为火。内火外风,犹如家事自内影响到外。
2. 有物:充实的内容,物,在此可引申为信实。

语译:象传说:家人卦的外卦为巽,巽为风;内卦为离,离为火,内火外风,风助火势,火助风起,象征一个家庭的教育作用由内而外地产生影响,此是家人卦的卦象。君子观此卦象,从而省悟到言词须有内容才不致于空洞,德行须持之以恒,做事不能半途而废。

☙ 名句的故事 ☙

君子观风火之象,领悟到凡事皆是"由内及外",家之本在于修身,身修则家治矣,欲修身以齐家者,须"言有物,而行有恒"的以身作则,家人受其感染和教诲而后家齐。

关于"风自火出"有一说法:巽为风为木,离为火,夏天火盛热后,继之以秋风起,故曰"风自火出",因此同样可以理解为当家庭的教育成功,随之对社会也会有善良的影响。

☙ 历久弥新说名句 ☙

《论语·卫灵公》有记录类似《家人卦·象》中"言有物"的话语,子张向孔子问如何使自己能行事得宜,孔子回答他说:"言忠信,行笃敬,虽蛮貊之邦,行矣。"意思是做人只要说话忠诚信实,做事笃厚谨慎,虽是在异族也行得通。

关于"言之有物",同样在《论语·卫灵公》中,也可以看到反面的例子:"子曰:'群居终日,言不及义,好行小慧,难矣哉!'"孔子对于终日结群成党、言谈之中没有实在内容的行径表示斥责。时至今日,我们仍常以"言不及义"来形容人说话空泛、不正经、没有建设性。

"言有物"一语,若用在文学方面,则是强调文章的实用性,东汉学者王充的《论衡》有提到其相关的文学理论,其中有一点即主张文章的实用性,《论衡·超奇》:"人之有文也,犹禽之有毛也。毛有五色,皆生于体。苟有文无实,是则五色之禽毛妄生也。"他反对调墨弄笔徒为美观的文学作品,强调文学着重教育意义,认为文章若无教育意涵,则枉为之。

胡适于公元 1917 年 1 月 1 日发表一篇《文学改良刍议》在陈独秀主持的《新青年》杂志上,从此也造成一股新文学运动的旋风。其提出文学有八件事必须注意:"一、须言之有物。二、不摹仿古人。三、须讲求文法。四、不作无病之呻吟。五、务去滥调套语。六、不用典。七、不讲对仗。八、不避俗字俗语。"其中"须言之有物"就列在首项。胡适所提出的这八项改良建议,之后当然引发不少争议的声音,但相信文章内容不可流于空洞乏味,这一项该是不会有人反对才是。

君子以反身修德

名句的诞生

象曰：山上有水，蹇[1]。君子以反身修德[2]。

——蹇卦·象

完全读懂名句

1. 蹇：跛足、残废，意喻烦恼丛生。2. 反身修德：反省、检讨自身，并努力修养良好的德行。

语译：象传说：在险峻的高山上出现危险的激流，好比暴雨过后山上可能即将会有土石流的险状。这就是蹇卦的卦象。君子见此卦象，于面临外界所产生的困难时，不应着急或指责他人，而应趁此机会反身自省，检讨自己的缺失与不足，并培养内在可贵的品德，以期能渡过难关，解除烦恼。

名句的故事

反省自己,才能找到事情出错的原因。《汉书·蒯通传》有一则故事,话说齐悼惠王时,曹参做宰相,他将贤能的蒯通奉为上宾。要蒯通随时举发他的错误,并为他推荐有才干的人。当时,齐国有两位处士东郭先生和梁石君,因不满齐王田荣胁迫齐国贤士为他做事,所以在田荣死后,一起逃到深山隐居。

有客人对蒯通说:"先生既知道梁石君和东郭先生是举世难得的贤士,为什么不推荐他们到曹相国那里去呢?"蒯通说:"你提起他们二人,使我想起一件事。我住的里巷有一个妇人,和邻居相得很好。一天,这妇人在夜里失掉一块肉,她的婆婆以为是她偷吃了,发起怒来,把她赶了出去。这妇人次日早晨到邻居处,把整件事告诉邻居,并准备和大家辞行。有个邻居说:'你暂且不要走,我有办法要你婆婆把你追回来。'于是这名邻居拿了一束乱麻搓成的引火绳,去失肉的那家讨火("束蕴请火"的典故),说:'昨晚我家里的狗得了一块肉,相互抢夺,弄得身负重伤死了,现在想向你们讨个火去把它们烧掉。'失肉那家的人听了这话,便慌忙把自己的媳妇追回来。我现在也去向曹相国请火(意指推荐人才)便是了。"

人才难得,更难留住。若是不懂得反省自己,修养德行,就是强迫他们留下,又怎么可能留得住呢?

历久弥新说名句

　　法王路易十六的皇后玛丽，是奥国的公主，活泼美丽、气质脱俗，原本深受人民的欢迎与爱戴，可是她却沉溺于奢华生活。

　　玛丽皇后常常需要大批的珠宝衬托衣裳，又在凡尔赛宫和贵族不分昼夜地玩乐。她尤其喜欢在小提安侬宫与贵族们假扮成农村的平民与牧羊女，甚至为应景的山羊洒上香水，其奢华可见一斑。然而，广大人民的生活艰苦穷困，却还必须缴税供应贵族花费，玛丽皇后日渐声名狼藉。

　　皇后奢侈的生活，轻浮的举动，终于引起人民的反感。有一些人出来，组成议会，拒绝缴税。皇后知道后，要求皇帝用武力解散这个议会。她被自由派人士视为旧有封建的代表。最后，终于招来了人民群起反抗，就是历史上著名的法国大革命。当革命走向极端，路易十六和玛丽皇后先后上了断头台，遭到处决。

　　只追寻外在的奢华却不知反身修德和造福百姓的玛丽皇后，最终应有无尽的悔恨与遗憾吧。

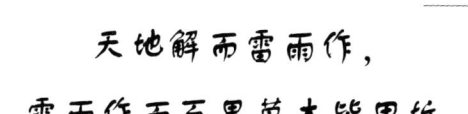

天地解而雷雨作，
雷雨作而百果草木皆甲坼

名句的诞生

象曰：解[1]，险以动，动而免乎险，解。解，利西南，往得众也；其来复吉，乃得中也；有攸往，夙吉，往有功也。天地解而雷雨作，雷雨作而百果草木皆甲坼[2]。解之时大矣哉。

——解卦·象

完全读懂名句

1. 解：把被束缚起来的东西打开。2. 甲坼：形容草木发芽时种子外皮裂开，开始生枝长叶。甲，硬壳；坼，裂开的意思。

语译：象传说：解除险难，是指在险难中有所行动，行动就可以免除险难，因此会说解除险难。卦辞说，解除险难，往西南方向行将有利，因为这样前往就能够得到众人的协助，又说，归来回复原处可得到吉祥，因为这是适宜的；又说，迅速前往，尽

早排除险难,可得到吉祥,是表示如此前往一定能建功。天地解除封闭,闪电大雨就会兴起。雷雨同时来了,百果草木都会从土里钻出、冒出芽来。解除险难的时机点,能够化育万物,真是伟大呀!

名句的故事

商朝刚刚建立不久,就遇到一场不可抗拒的天灾。《说苑·君道》记载:"汤之时,大旱七年,雒(洛)圻(伊)川竭,煎沙烂石,于是使人持三足鼎,祝山川。"这场连续七年的干旱,对于任何新建的王朝来说,都是严酷的挑战。当时大地天天顶着如烈焰般的日头,河水与井水都被晒得干涸,沙石也被烧得焦烂。"三足鼎"就是古代时候国家祭祀用的器具,"祝山川"就是向大自然祈祷,请神明赐福,可以降雨。

祭祀官祈祷时说:"是因为君王为政滥权吗?是因为君王让百姓遭受了病苦吗?是因为有官吏收受贿赂吗?是因为说三道四的小人太多吗?还是因为宫殿修建得太奢侈?还是有女人干政?为何不下大雨呢?"这场灾难之大,甚至造成"民有无粮卖子者"(《管子》),百姓为求温饱生存,只好卖掉自己的孩子,足见干旱的严重性。

祭祀要向上天献上贡品,干旱到了第七年,商汤在卜卦之后决定用自己当作祭品,也就是"人祭",没想到居然感动天地鬼神,立刻下起雨来,拯救了天下百姓,也解救了商汤的政权。对此,《吕氏春秋·顺民》与《申鉴·杂言上》皆有提及,这也就是后人流传"汤祷桑林"的故事。

历久弥新说名句

南齐末年的东昏侯,暴虐无道,是中国历史上昏庸荒淫的君王之一。当时,政治上极不安定,各地都有起兵造反,虽然屡屡被平息,但是社会的动荡不安,百姓的生活非常痛苦。当时萧衍的兄长萧懿,担任雍州刺史,替东昏侯扫荡叛军有功,却被东昏侯所毒杀。萧衍接任雍州刺史后,便积极寻找推翻东昏侯的机会。

《资治通鉴·齐纪十》记载,中兴元年(公元501年),萧衍领兵围攻郢城两百余日。郢城内男女老少将近十万人,在这两百多天中,早因疾病的流布而伤亡惨重。当萧衍攻下城池时,已是"积尸床下而寝其上",到了人都已经睡在尸体上面的惨况。萧衍的这一仗,对百姓而言无疑是"雷雨作而百果草木皆甲坼,解之时大矣哉",给天下苍生带来一线生机。《南史》便如此评价梁武帝萧衍:"自江左以来,年逾二百,文物之盛,独美于兹。"萧衍让南梁成为东晋以来最繁荣富庶的时期。

君子以惩忿窒欲

名句的诞生

象曰：山下有泽，损¹。君子以惩忿窒欲²。

——损卦·象

完全读懂名句

1. 损：减少、贬抑、谦退。2. 惩忿窒欲：克制愤怒，抑制喜好与私欲。惩，此处为戒止；窒，堵塞。

语译：象传说：高山下有泽水，象征着泽水贬抑自己，来成就山林的高，这就是损卦的卦象。君子观此卦象，当效法泽水谦退自身，从而克制自己的愤怒、杜绝贪欲，以增益美德。

名句的故事

《左传·宣公十二年》记载了一则"肉袒牵羊"的故事。郑襄公原本答应要归附楚国，楚庄王便打算邀请陈灵公，来跟郑国一起订立三国盟约，不料陈国却出现了内乱，楚庄王只好先去平定陈国的内乱。不料，等楚庄王收服了陈国，郑襄公却已经依附晋国，这让楚庄王非常生气，恼火地亲自率领大军去讨伐郑国。

郑国哪里是楚国的对手，楚国大军势如破竹，如入无人之境，此刻的郑国却一直指望着晋国赶快派兵来相救。郑国的都城荥阳被楚军团团包围，城里的百姓号啕大哭，楚庄王一听到全城的哭声，立即下令退兵。

楚庄王退兵，原本是想彰显楚国的仁德，郑襄公却以为是晋国的救兵到了。楚庄王这才明白郑国并没有归附的意思，又下令包围荥阳城，并破城而入。楚国大军严肃整齐地走在郑国的大街上，到了逵路，郑襄公"肉袒牵羊"（打赤膊、牵着一只羊来犒劳军队，这是战败投降的一种仪式），跪在楚庄王的面前谢罪。

楚庄王说："其君能下人，必能信用其民矣。"意思是说，这个国君可以向人低头，必定能得到人民的景仰。于是楚庄王决定退兵三十里，与郑襄公议订盟约。郑襄公之举就是"损"，采取谦退之姿，避免国家遭到祸害，并获得国际的和平。

历久弥新说名句

清朝曾国藩是一位具备文韬武略的将才，在政治上有出色、精湛的表现，他的日常生活仅遵从一个简单的理念："古人以惩忿窒欲为养生要诀。"

曾国藩认为"惩忿"就是遇到事情少烦恼、少发怒，要会控制自己的情绪，"静坐"便是曾国藩日常用来调理性情的方法。他说："每日不拘何时，静坐四刻。"也以此劝诫弟弟与子侄辈："常常静坐，不可日日外出，两脚流星不落地。"静坐是曾国藩日理万机中仍坚持不懈的功课之一。

"窒欲"就是"知节啬也，因好名好胜而用心太过，亦欲之类也"，即对名与利都不可过于强求，还要克制嗜好和私欲。曾国藩不只在行为上懂得节制自己，在饮食上也强调"少食"，他主张"夜饭不用荤菜，以肉汤燉蔬菜一二种"，而且"菜不必贵，适口则足养人"。(《曾国藩文集》)

这样节俭而简单的生活，使得曾国藩将所有心力放在国家大事上，一损一益，足见他建功立业的秘诀。

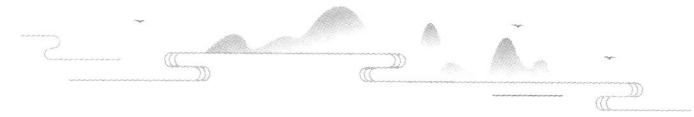

三人行,则损一人;一人行,则得其友

名句的诞生

六三,三人行,则损¹一人;一人行,则得其友。

——损卦·六三

完全读懂名句

1. 损:伤害、贬抑。

语译:损卦的第三爻表示,三个人一同前进,必会有两个人在另一个人背后窃窃私语,伤害或孤立其中一个人。假如是一个人行动,就会专心一意,必会找到志同道合的朋友。

名句的故事

《象传》阐释说:"一人行,三则疑也。"一个人行动,可以专心一意地朝目标前进,如果是三个人同行,便容易因为相互猜

疑而无法达到预期的效果。这并不是说，做事情不要三个人去做，一个人去做就好，而是要能就当下的情况，审时度势，采取最有利的方式。

清朝李士在《周易注》则说："以一求一则为两，两则有唱和之欢；以一求二则为三，三则有争夺之患。"李士谈的是夫妻关系。如果是一男获得一个妻子，就是两个人，两个人则有互相唱和的快乐；如果是一男拥有两个妻子，就是三人，三个人在一起就会有互相争宠的问题了。

因此，损卦的另外一个道理就是"和"，减损的目的在于推出有益的部分，两者相衔接的目的便在于"和"，讲求的是"适当"，而非满足欲望。在适当的时机减损自我的选择，必然能获得吉祥。

历久弥新说名句

唐代史学家刘知几次子刘𫗧，在《隋唐嘉话》中记录一则有趣的故事。唐太宗的宰相房玄龄，是个相当怕老婆的人，但是这位房夫人对房玄龄的衣食住行照顾得相当妥贴。有一天，唐太宗请开国元勋一起飨宴，就在酒酣耳热之际，房玄龄大言不惭吹了几句不怕老婆的话，唐太宗一听，便乘兴赐给房玄龄两个美人，房玄龄也糊里糊涂地接受皇上的赏赐。

房玄龄酒醒之后大惊，但也只能硬着头皮，带着两个美人回家。谁知，这位房夫人天不怕、地不怕，就算是皇上的赏赐也不可以,她对着房玄龄大发雷霆,还将两个美人赶出宰相府。唐太宗知道这件事情后,便有意挫挫这位宰相夫人的霸气,于是召宰相房玄龄和夫人前来问罪。唐太宗给他们两个选择,一是领回两位美女,另一则是喝下一坛"毒酒",省得犯妒嫉。

房玄龄深知自己夫人性情刚烈,一定会喝下"毒酒",所以赶忙向唐太宗求饶;而房夫人果真拿起坛子,将"毒酒"都喝下去。房玄龄急得泪流满面,抱着夫人大哭不已。唐太宗这下总算见识到房夫人的脾气,宁可死也要自己的夫君,所幸这一坛"毒酒"只是一坛醋,喝了不会致命。"吃醋"这个词后来就变成女人妒忌的代名词了。

婚姻关系中的三人行,都无法成行,更何况是强加而成的四人行,房夫人坚持一夫一妻,为的就是要让夫妻关系心心相印、长长久久呀。

名句的诞生

彖曰：困，刚揜[1]也。险以说[2]，困而不失其所亨，其唯君子乎？贞，大人吉，以刚中也；有言不信，尚口[3]乃穷也。

——困卦·彖

完全读懂名句

1. 揜：通"掩"。2. 险以说：指困卦下坎为险，上兑为悦。3. 尚口：注重言词。

语译：彖传说：阳刚被掩蔽而无法伸展，面对艰险但心中和悦，处于困境却不失亨通前景，大概只有君子才做得到吧。持守贞正，大人可获吉祥，因为大人具备刚毅、持守中道的品行，自然事事吉利；说出来的话，别人不相信，因为注重言词却不切实际，导致落入窘境。

名句的故事

孔颖达在《周易正义》中阐释："处困求通，在于修德，非用言以免困；徒尚口说，更致困穷，曰尚口乃穷也。"处于困顿而能得到通达，是因为平时有修习德行，不能靠嘴巴来避免困窘；如果总是夸大其词，只会使自己更陷入末途，这就是"尚口乃穷"。

《老子·第八十一章》说："信言不美，美言不信。"诚实的话语不漂亮，因为实话实说，朴质且未经修饰，不见得动听；漂亮的话语则不诚实，因为会夸张修饰，以吸引他人注意，所以很动听，却不足以令人信服。从另一个角度来看，修饰过多的话，膨胀出太多不该有的意义，因此很容易戳破，会落入"尚口乃穷"的境地。

同章其后又说："知者不博，博者不知。"有智慧的人不可能什么都知道，也不会随意卖弄；通晓很多事物的人也有不知道的时候，因为涉略广泛，无法深究，了解的可能只是片面。困卦则强调，君子要持守贞正，方能避免落于困顿。

历久弥新说名句

"假道伐虢"是《三十六计》的第二十四计，即："两大之间，敌胁以从，我假以势。困，有言不信。"一个处在敌我两大

势力之间的小国,如果敌方胁迫小国屈从于他时,我便借机去援救小国,造成对我有利的军事态势。对处于困境的一方,光是用口说不会有人相信,必须要有实际的支持行动。

根据《左传·僖公五年》的记载,春秋时期,晋国一直想要吞并邻近的虞国和虢国,两个小国的关系不错,晋国如果袭击虞国,虢国会出兵救援;晋国攻打虢国,虞国也会相助。晋国大夫荀息便向晋献公献上一计,就是离间,让这两小国互不支援。

于是,晋献公先送给贪婪的虞公良驹、美玉等宝物,然后要求虞国借道,让晋国可以借道虞国去攻打虢国。虞公既然得了晋国那么多好处,便欣然同意。晋国的大军通过虞国境内,前进去攻打虢国,弱小的虢国没有任何援助,很快就被打败了。晋军在班师回朝时,也乘虞国没有防备时,顺便歼灭了虞国。

晋国深谙"有言不信"这个道理,所以送上金银珠宝给虞国,以获得虞国的协助,而虞国却落入"尚口乃穷"的处境!

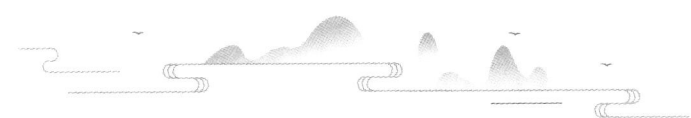

君子以致命遂志

名句的诞生

象曰：泽水¹，困；君子以致命²遂³志。

——困卦·象

完全读懂名句

1. 泽水：困卦下坎为水，上兑为泽，如泽中无水。2. 致命：就是舍弃生命。3. 遂：达到，实现的意思。

语译：象传说：大泽中没有水，呈现干涸的样子，这就是困卦的象征；君子身处于困境中也不该气馁，应不惜舍弃生命，以成就人生壮志。

名句的故事

君子常常被赋予很多的特质与任务，"致命遂志"讲的就是

越困难的处境,君子就应越是坚强面对,这其实是要求君子去成就一个"完人"的形象。

《论语·宪问》记载,子路向孔子请教,怎样做才算是一个完人("成人")。孔子回答说:"若臧武仲之知,公绰之不欲,卞庄子之勇,冉求之艺,文之以礼乐;亦可以为成人矣!"如果具备了臧武仲的智慧,孟公绰的克制,卞庄子的勇敢,冉求的多才多艺,再加上礼乐的修饰,就是一个完美的人了。

然而,这样的标准实在是太高了,所以孔子又说:"见利思义,见危授命,久要不忘平生之言,亦可以为成人矣。"看到钱财利益会先考量到是否合乎义,面临危险能不惜牺牲生命全力以赴,处于困顿的日子久了仍不忘记自己平生的诺言,就可以成为一个完人了。

换句话说,君子面临任何利益诱惑、困境折磨、危难威胁,都要以坚毅的态度去面对,以突破处境的枷锁。

历久弥新说名句

《列子·汤问》记载"愚公移山"的故事。近九十岁的愚公住在太形与王屋两座山的山北,家门正对着万丈高山,过往通道受到阻挡,一家人的进出都得绕远路,非常不便。一天,愚公召集家人商量,计划一起铲平这两座山,并且将土石堆到渤海边。

愚公就这样带着子孙们,开始凿石头、挖泥土,然后再把挖下来的土石,用畚箕运到渤海边。他的邻居河曲智叟看到愚公一行人这么辛苦，就取笑说："你太自不量力了，年纪一大把，只剩这么点力气，又能拿这么多土石怎么办？"

愚公长叹一声回答："我就是死了，我还有儿子，儿子又会生孙子，孙子又会生儿子，子子孙孙可以代代相传下去，但是这两座山又不会长高，怎么会挖不平呢？"这番话让河曲智叟顿时哑口无言。

山神听说这件事情，非常担心，于是禀告了天帝。天帝相当佩服愚公的毅力，便命令夸娥氏的儿子各背负一座山，一座放到朔方的东边，一座放到雍州的南部，从此以后，冀州的南部、汉水的南岸再也没有高山阻隔了。

"致命遂志"，就是要具备"虽千万人吾往矣"的勇气，以实现人生最高价值，就好比"愚公移山"的坚毅精神，不问回报、只求付出，理想与壮志终有达成的一天。

困于石,据于蒺藜,入于其宫,不见其妻

名句的诞生

六三,困¹于石,据于蒺藜²,入于其宫³,不见其妻,凶。

——困卦·六三

完全读懂名句

1. 困:绊倒。2. 蒺藜:一种有刺的植物。3. 宫:房屋住宅。

语译:困卦的第三爻表示,被石头绊倒,又倚靠在有刺的蒺藜中,历经困难回到家中,妻子却不在,这是凶险之兆。

名句的故事

《左传·襄公二十五年》记载了一则故事。东郭偃是齐国大夫崔杼的家臣,而他的姐姐棠姜则是齐棠公的妻子。齐棠公过世时,东郭偃陪同崔杼前去吊唁,没想到崔杼看上已成为寡妇的棠姜的美貌，想要把棠姜娶回家。东郭偃认为这事情不妥，崔杼便请人占卜，卜筮的结果得到困卦，变卦则是泽风大过，太史们都说是个吉卦，崔杼又把它拿给通晓《易》的陈文子看。

陈文子很老实地指出，这个卦象的爻辞是"困于石，据于蒺藜，入于其宫，不见其妻，凶"，所以崔杼有可能因为这桩婚姻而受到伤害，妻子也不见得会安分在家。但是，崔杼不听，觉得棠姜是一个寡妇，丈夫过世这件事情就是个凶兆了，所以他还是把棠姜娶了回家。

齐棠公过世后由齐庄公继位，没想到齐庄公同样看上棠姜的美色，和棠姜私通，所以齐庄公经常到崔家去，还把崔杼的帽子赐给别人。崔杼因而非常怀恨齐庄公，处心积虑要杀死他，接下来就发生历史上著名的"崔杼弑其君"事件。不幸的是，崔杼与棠姜的婚姻，并没有因为齐庄公的死亡而平静，反倒是阋墙之祸频频，最后棠姜、崔杼都选择上吊自杀，结束生命。

历久弥新说名句

蒺藜是一种有刺的植物，人被扎到、自然会痛，所以"困于石，据于蒺藜"的状况，绝非是甚么好的遭遇，后人有以"困石据蒺"来形容一个人的处境危险。

由于蒺藜的外在特征，也延伸出其他意涵。例如《晋书·五行志》记载："义熙中，宫城上及御道左右皆生蒺藜，亦草妖也。"意即东晋晋安帝义熙年中，皇宫的宫墙以及皇上行走的步

道两边，都生了很多蒺藜，这是因某种缘故造成草木变异的现象。书中接着说："天戒若曰，人君不听政，虽有宫室驰道，若空废也，故生蒺藜。"上天的警示说，为人君王如果怠惰政事，即使有广大的宫廷与专属的道路，也会因为君王疏于使用而逐渐荒废，因而长出蒺藜。这是告诫为人君王要勤勉政事，为民服务。

根据史书记载"铁蒺藜"是一种军事武备上常用到的武器，以尖锐的三角铁片联成串，形状就像蒺藜，通常放置在道路上，牵制敌人的行动。《清史稿·穆占传》记载："掘重壕，布铁蒺藜，列象阵以守。"挖掘深沟、放置铁蒺藜，摆好守备的阵势，以防止敌人侵略。

君子以劳民劝相

名句的诞生

象曰：木上有水，井。君子以劳民[1]劝相[2]。

——井卦·象

完全读懂名句

1. 劳民：劳徕人民，即安慰、抚慰人民。2. 相：助。

语译：象传说：木上有水，这是井卦。因此在上位者劳徕人民，使人民互相帮助。

名句的故事

井的卦象为巽下坎上，巽代表木，坎代表水，所以言"木上有水"，正如木桶承水而上。井的功能极为重要，付出劳力以木桶汲水供给使用，便能使口渴的人民得到纾解，并使一切生活机

能得以运作。类似的情况,扩大对家国政治而言,便启发在位者能劳徕人民,并鼓励互助。

据历史记载,秦汉以前曾实行井田制度。《穀梁传·宣公十五年》言:"古者三百步为里,名曰井田"、"井田者,九百亩,公田居一。"《孟子·滕文公上》亦有所记载:"方里而井,井九百亩,其中为公田,八家皆私百亩,同养公田。公事毕,然后敢治私事;所以别野人也。"意思大致是说,将田地划分为九份,外围的八份为私田,八位农家各占一份;中间的一份为公田,由八位农家共同耕作,以治税赋。井田所以名为"井",是因为将田划分成井字的缘故;更有学者认为井田即凿井灌溉农田,田地则依井而划分。姑且不论此说是否可信,可以确定的是,井田制展现了封建社会的特质,集体耕作的生活模式也体现了"出入相友,守望相助"的精神,这与"劝相"的概念是相契合的。

历久弥新说名句

"劳民"的解释众说纷纭,有解作"为民操劳",或"劳动人民",更多的是解作"劳徕人民"。而单看"劳民"一词,普遍解作劳役、劳苦人民。如《论语·子张》中子夏言:"君子信而后劳其民,未信则以为厉己也。"意指君子取得人民的信任后才劳役人民,否则人民会认为是遭受虐待。或是常见的成语"劳民伤财"。《诗经·大雅》有《民劳》篇,为周朝元老忧心国政,劝谏后进辅弼周王之诗。其中不断重复"民亦劳止,汔可小康

(小休/小息)"句义,即"人民已够劳苦,该可以稍得安康(休息)",可怜人民无止尽的劳役,语重心长,流露出老臣的爱国之情。

孔子在《论语·季氏》言:"有国有家者,不患寡而患不均,不患贫而患不安,盖均无贫,和无寡,安无倾。夫如是,故远人不服,则修文德以来之;既来之,则安之。"意思是说,凡是有国、家的人,不必忧虑贫穷,却要担心贫富不均;不必忧虑人民稀少,却要担心人民不安。若财富平均,就没有所谓的贫穷;上下和睦,就不怕人民稀少;人民安宁,国家就不会灭亡。如此,远方的人如果还不能悦服,就修养文德以招徕他们;既已招徕他们,就使他们有安定的生活。其中"既来之"的"来",音赖,通"招徕"的徕。现在读作来,则使此二句产生出新义,即是一般认为的"随遇而安"之义。在儒家来说,均、和、安,是仁政的表现。既行仁政、修文德,远方之人自然来归,而正与名句之"劳民"精神相通,这是放诸四海皆准的为政守则。

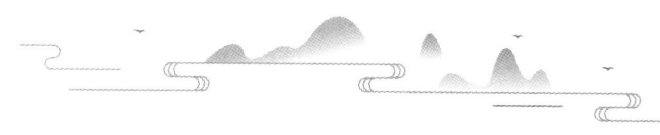

井渫不食,为我心恻

名句的诞生

九三,井渫¹不食,为我心恻²。可用汲,王明,并受其福。

——井卦·九三

完全读懂名句

1. 渫:淘去泥污使纯净清洁。2. 恻:悲伤。

语译:井卦的第三爻象征着,水井已经淘净了,却没有人来饮用,使人内心感到悲伤。此时汲水饮用,如有君王贤明而加以任用,臣民都能同受福泽。

名句的故事

孔颖达解为:"九三处下卦之上……井以上出为用,犹在下体,未有成功。功既未成,井虽渫治,未食也。"虽为下卦之上,但仍居下卦,所以井虽澄净,却仍不受青睐。但后面接着说"可用汲,王明,并受其福",事态或许将有转机。所以孔颖达说:"井之可汲,犹人可用,若不遇明主,则滞其才用;若遭遇贤主,则申其行能。"

东汉末年局势纷乱,建安七子中的王粲前往荆州依附刘表,不料竟因其貌不扬及身体柔弱而不受重用。就在此时他创作了脍炙人口的《登楼赋》,赋中流露对时局的感慨及故乡的思念。后来元杂剧名家郑光祖更作《王粲登楼》一剧,足见此赋影响深远。赋文中有"惧匏瓜之徒悬兮,畏井渫之莫食"之语,"匏瓜徒悬"与"井渫莫食",皆寓怀才不遇,既透露身世之感,也表现欲附名士的渴望,特别是后句。王粲自幼即受蔡邕所重,蔡邕甚至在众多贵宾前对尚年幼的王粲"倒屣相迎";史书有记载,他与人共读道碑,别人请复诵一次,一字不差;又观人下棋,棋局遭扰乱,王粲可重新排过,一道不差。如此聪慧优秀,却总是时运不济,"井渫莫食"成其贴切的注脚。

历久弥新说名句

战国时代有一刺客名叫豫让。豫让处心积虑要行刺赵襄子,一次未成。第二次以漆涂身,让全身长满恶疮;又吞炭变声,连自己太太都认不出来,然而第二次行刺仍旧失败。赵襄子不明白范、中行氏与智伯同样是豫让的主子,为何他独为智伯积极报仇?豫让回答:"臣事范、中行氏。范、中行氏皆众人遇我,我故众人报之。至于智伯国士遇我，我故国士报之。"说完便刎颈自杀了。对于像豫让这样的忠臣，一旦遇到知己的君主，即使为对方牺牲生命，也在所不惜。所谓"士为知己者死"，这是"可用汲。王明"的终极表现。

然而始终未遇知己的，当以屈原为典型。屈原少年得志，二十几岁便任左徒之官。但他的才能和地位为奸人嫉妒，抗秦的主张又和奸人抵牾，在两任昏庸的楚王和奸臣的联手打压下，屈原二度被贬，最后抱石沉江，结束抑郁的一生。《史记》评论："（屈原）虽流放，眷顾楚国，系心怀王，不忘却反（即返），冀幸君之一悟，俗之一改也……然终无可奈何……怀王以不知忠臣之分，故内惑于郑袖，外欺于张仪，疏屈平而信上官大夫、令尹子兰，兵挫地削，亡其六郡，身客死于秦，为天下笑，此不知人之祸也。《易》曰：'井渫不食，为我心恻，可用汲。王明，并受其福。'王之不明，岂足福哉！"由此看来，司马迁可算是屈原的知己了。

天地革而四时成，顺乎天而应乎人

名句的诞生

彖曰：革，水火相息[1]，二女[2]同居，其志不相得[3]，曰革。巳日乃孚，革而信之；文明以说，大亨以正；革而当，其悔乃亡。天地革而四时成，汤武[4]革命，顺乎天而应乎人，革之时大矣哉！

——革卦·彖

完全读懂名句

1. 相息：相灭。息，通"熄"。2. 二女：革卦下离上兑皆阴卦，如二女。3. 不相得：不相合。4. 汤武：商汤与周武王。

语译：彖传说：变革就像水火冲突，又像两个女人同居一室，因心志不合而产生的变革。卦辞说选择巳日进行变革才能取信人，是指掌握时机能让天下信从；有文明美德可使天下喜悦，大显通达而贞正；变革适当，悔恨将会消失。天地运行变化而有四季更迭，商汤与周武王起兵革命，是顺应天道与应合人心，变

革的时机实在太重要了!

名句的故事

进行变革,重要的是掌握正确的时机点,除了上天给予的时机,还有人心响应的时机。上古最有名的两场革命,商汤对夏桀、周武王对商纣,就是掌握了这两个正确时机,对后世产生巨大的影响。

《尚书·汤誓》记载:"时日曷丧?予及汝皆亡。"是指夏朝百姓在夏桀暴行下发出的呐喊。暴行如同太阳一样炽烈,人民已受不了,只想知道太阳何时会灭亡,他们要与之同归于尽。商汤则强调出兵征伐是去执行天命,他说:"尔尚辅予一人,致天之罚,予其大赉(赏赐)汝!"意即你们要帮助我,实行天帝对夏桀的惩罚,我将重重地赏赐你们!于是,凭借着顺天意、应民心,商汤起兵。

《尚书·牧誓》提到,周武王说:"牝鸡无晨;牝鸡之晨,惟家之索。"意思是,没有母鸡会在早晨啼叫,如果母鸡在早晨啼叫,这户人家的家运就会衰落。牝鸡早晨啼叫不合乎大自然的规律,这是在讽刺纣王专宠妇人妲己,让妲己有机会乱政,而妲己助纣为虐,揽权夺事,如此在家则家败,在国则国灭。所以周武王现在要"恭行天之罚",执行老天的处罚。

历久弥新说名句

北魏孝文帝推行汉化运动,其中最重要的是迁都洛阳。为了让迁都具备正当性,孝文帝决定以讨伐北齐为借口,在征伐的过程中完成迁都。《魏书·景穆十二王列传·任城王》记载,孝文帝命太常卿王谌占卜此事的吉凶,即获得《革卦》。孝文帝很高兴地说:"这就是'汤武革命,顺乎天应乎人'的革卦呀!"底下的群臣没人敢开口附和。

只有王澄站出来反对说:"商汤、周武王卜得这个卦,尚未取得天下,所以是个吉兆;而陛下已经取得天下,这次的出征只能说是讨伐叛徒,不该说是革命,所以此卦不是皇帝该卜得的,因此未必是吉兆。"孝文帝听了之后非常生气,决心单独与王澄谈谈。

孝文帝私下召见王澄,告诉他攻打北齐只是一个幌子,迁都洛阳、实行文治,让国家长治久安才是真意。王澄听完这番抱负后,便成为孝文帝迁都洛阳的重要幕僚。从另一个角度来看,北魏孝文帝迁都之举像是"汤武革命",不过用的不是武力,而是以"文化融合"来变革所属的世代。

君子以治厤明时

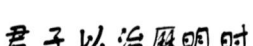

象曰：泽中有火，革。君子以治厤[1]明时[2]。

——革卦·象

完全读懂名句

1. 治厤：推算年、月、日和节气的方法；修治历法。厤：同"历"。2. 明时：显明时令更迭的情形。

语译：象传说：上为泽，下为火，水泽中有大火燃烧，这是革卦的卦象。君子观此卦象，掌握到泽水涨落、草木枯荣的变化周期，从而修治历法，以明四季时令的更迭。

名句的故事

在郑一民与武晔卿所著的《春节》一书中叙述到，根据传说，古时有个人叫作万年，他想要调整当时混乱的节令。有一天，他看见树影的移动，得到灵感制作测日影计天时的晷仪；后来，山崖上的滴泉又启发了他，便动手做出五层漏壶。在持续的观察中，他发现每隔三百六十多天，天时的长短就会重复一遍。

当时的国君祖乙，对于无法掌握天气的变化感到苦恼。万年得知后，便带着日晷和漏壶去见祖乙，并为他讲解日月运行的道理。祖乙听了非常高兴，就让万年在天坛前修造日月阁，筑起日晷台和漏壶亭，希望万年能准确测出日月规律，推算精准的时间，以造福天下百姓。

万年不负期待，找到了计算时间的规律，并将其刻在天坛的石壁上："日出日落三百六，周而复始从头来。草木枯荣分四时，一岁月有十二圆。"意思是三百六十多天日出日落周而复始，四季草木枯荣，月圆一岁十二次。当祖乙来到日月阁上，万年指着天象对祖乙说："现在刚好是十二个月满，旧岁已经过去，新春才正开始，请国君定个时节吧。"祖乙说："春是岁首，就称为春节吧。"据说这就是万年历与春节的由来。

古人治历在于了解天时，特别是农业社会对春耕、秋收、冬藏等重大时序的倚赖，为人君者莫不重视历法。

🙢 历久弥新说名句 🙠

《晋书·律历志》记载，西晋的杜预对于"治历"的道理，有更深入的推演。他说："《易》所谓'治厤明时'，言当顺天以

求合,非为合以验天者也。"意即《易》中所说的"修治历法、明确时令",是指应该根据天体的实际运行变化来对照所制定历法的正确性,使历法的记载符合天体的运行,而不是用制定好的历法去验证天象的变化。杜预的见解成为中国古代治历的重要原则。

元世祖统一中国后遇到文化差异的大问题,就是历法,于是成立太史局,重新编订历法。根据《元史·郭守敬传》记载,郭守敬因为精通天文,是当时重编历法的成员之一。修订历法的前提是必须先"测景",也就是观测各地天候气象的变化。

当时郭守敬选定"监候官"共十四人,从东边到现今的韩国,西边到云南昆明一带,最北是西伯利亚的叶尼塞河流域,最南则是现在的西沙群岛,一共设定了二十七个观测站,这就是历史上有名的"四海测验"。郭守敬完成了历法的修订,元世祖取《尚书·尧典》一句"敬授人时",将之定名为《授时历》。

大人虎变，君子豹变，小人革面

名句的诞生

九五，大人虎变[1]，未占有孚[2]。

上六，君子豹变[3]，小人革面[4]，征凶，居贞吉。

——革卦·九五、上六

完全读懂名句

1. 虎变：如虎身花纹的变化。比喻居上位者的行动变化莫测。2. 孚：使人信服。3. 豹变：指一个人的迁善去恶或行为思想的改变。4. 革面：改变外貌。比喻改过迁善。

语译：革卦的第五爻是象征，大人要像猛虎一样果决地进行变革，不需要占卜，就能让人民信服。

革卦的上爻是说，君子为了脱胎换骨，像豹一样协助大人进行变革，而小人也纷纷改头换面去迎合变革，此时如果过于急躁，将有凶险，静处守正就可以获得吉祥。

名句的故事

根据《革卦·九五·象》,所谓大人虎变,"其文炳也","文炳"形容老虎的花纹很漂亮。老虎用来比喻大人,也就是君王;"虎变"便有革新政绩、辉煌卓著的意涵。

而君子豹变,《革卦·上六·象》则说"其文蔚也",花豹刚初生的时候长得很难看,但是随之成长,豹纹越来越明显、斑斓,这比喻君子随着大人改革的蜕变,也让自己更加杰出。清朝李士在《周易注》中另有见解,他说:"豹性好隐,君子处乱世,若豹之隐于深山。及鼎革后,虽不在位,亦能以德业文章显于世。"豹的个性喜欢隐居,君子处在乱世当中,就好比豹隐居深山里。等到世局革新,即使没有身居朝政要职,仍能以高尚的品德与卓越的文章来彰显名声。

小人革面的目标是"顺以从君也",小人洗心革面,从善如流,决定迎合君王的革新,但是如果过于谄媚,便容易为自己带来灾祸。

历久弥新说名句

《史记·卫将军骠骑列传》记载,卫青原是平阳公主府上的马夫,他的姊姊卫子夫则是平阳公主的婢女。后来,卫子夫被汉武帝相中,成为皇帝妃子,卫青也跟随着进入皇宫当差,因缘际会受到汉武帝的重用。

此时的汉武帝对于汉朝多年来的匈奴和亲政策，感到非常不满，而决定转守为攻。他先透过"独尊儒术"建立众臣对君王权力的肯定，接着利用法家的"霸术"，果断进行一连串的军事布局，而卫青就身处这波改革的浪潮上。

卫青骁勇善战，为汉朝立下七次击退匈奴的汗马功劳，让汉武帝得以扬眉吐气，并在河朔地区移民屯田，建立朔方郡，扩展汉朝的版图，亦随之解除匈奴人长期对汉朝的军事威胁。卫青便从一个马夫、守卫，晋爵为关内侯、长平侯，甚至官拜大司马，位极人臣。

"大人虎变"，汉武帝五十年的努力，让"汉"成为中华民族的代名词；"君子豹变"，卫青由贫贱而显达，官位越高越谦逊；"小人革面"，当时外戚田蚡在汉武帝的改革中有不小的功劳，但由于权力欲望过大，最后失势发疯、以暴毙而终。

时止则止,时行则行,动静不失其时

名句的诞生

彖曰:艮[1],止也。时止[2]则止,时行则行,动静不失其时,其道光[3]明。艮其止,止其所也;上下敌应[4],不相与也。是以不获[5]其身,行其庭,不见其人,咎也。

——艮卦·彖

完全读懂名句

1. 艮:止也,遇到无法跨过的高山峻岭,因而停下脚步。
2. 时止:该停止的时候。 3. 光:广博明亮。 4. 上下敌应:卦中诸爻初六与六四、六二与六五、九三与上九皆同性相对而不应合。 5. 获:任由。

语译:彖传说:艮就是停止,应对时局,以智慧来判断应该停止时就停止,适合奋发向前时就向前。无论动静都不失时宜,如此未来的道路可以说是广大光明的。艮卦的止,就是止于该止的地方，其中诸爻上下同性相对而不应合。不任由身体本能欲望而妄行，在庭院中安然得体地行走，也不用在意他人的眼光或评价，好像没有看到他人一样，没有祸害。

名句的故事

《易》非常重视"时"的概念，如强调"豫之时义大矣哉"、"颐之时义大矣哉"、"遁之时义大矣哉"，或"坎险之时用大矣哉"、"蹇之时用大矣哉"等。"时"就是时机，即使是同一行为，在不同局势下，也会有不同的结果，所以必须掌握做事的时机。

在先圣先贤中，有"圣之时者"美称的孔子是最懂得掌握"时"的例子。《孟子·万章下》有云："可以速而速，可以久而久，可以处而处，可以仕而仕，孔子也。"在孔子的时代，他有心推展自己的抱负，却始终不得志。然而，孔子却能够在人心纷乱、局势动荡的时刻，借着教育来推展自己的理念，因而成为"万世师表"，学者才人奉他的言论为圭臬，影响之远，连最有权势的历代君王都望尘莫及。

如果孔子执意做官，未曾在求官的路途上停下脚步，改走着作教学的路线，那么他就不会成为教育者的典范。如果孔子放弃仁义的说法，改采媚俗的手段，那么他倡导的儒家学说，也不会成为后人的心灵支柱。《艮卦·象》中"时止则止，时行则行，动静不失其时"之说，透过孔子的例子，展现先人无比的智慧。

历久弥新说名句

1950年，朝鲜战争时期，美军要登陆韩国，麦帅建议在仁川海滩进行登陆，美国华盛顿总部却强烈反对，因为在地理和军事上，都会遭到很大的困难，所以力劝麦克阿瑟放弃仁川登陆，而改在较为有把握的群山。

麦克阿瑟想了一想，对总部的人说："你们对于在仁川登陆所提出来的困难点越多，我想这个奇袭成功的机会就越大，因为敌人指挥官一定也抱持相同的看法，认为我们没有人敢在仁川做这种冒险。"麦克阿瑟知道在群山登陆，危险比较小，但效果相对也小。所以他又说："在群山登陆并不能切断敌军的补给线，是不会有什么效果的。"之后总部同意了，而麦克阿瑟也不负众望，行动第一天就顺利抢滩，不久就占领了仁川。

敢于止住他人错误的建议，行于应有的自信，这也印证了麦帅卓越的思考与能力。

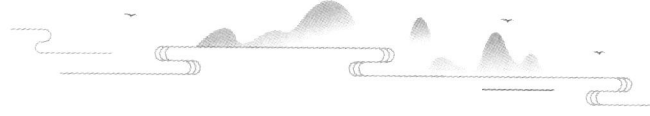

君子以居贤德善俗

名句的诞生

象曰：山上有木，渐¹。君子以居²贤德善俗³。

——渐卦·象

完全读懂名句

1. 渐：下卦为艮，上卦为巽，词义为渐进。2. 居：累积、积蓄的意思。3. 善俗：改善风俗。善，作动词，改善。

语译：象传说：渐卦是上卦为巽，巽为木，下卦为艮，艮为山，树木种植在山林里，逐渐地成长茁壮，象征着循序渐进。君子观此卦象，应当效法山林育草木，从而累积自己的品性与才德，负起改善风俗的社会责任。

名句的故事

在儒家的体系中，君子被赋予许多的任务，综合言之，可用

《礼记·大学》所主张的"修身、齐家、治国、平天下"来概括，前二者是家庭责任，后二者是社会责任。在社会责任的部分不外乎教化人民、移风易俗，这就是最基层的治国之事。

《荀子·劝学》说，南方有一种鸟叫作"蒙鸠"，蒙鸠编织自己的羽毛，系在嫩的芦苇上来做窝，但是风一吹，这个鸟窝便坠落了，鸟蛋也因此全部破掉。蒙鸠的窝并不是没有编织好，而是不该系在芦苇上。这是说，一件应该做的事情，如果执行过程中用了错误的方法，就会造成错误的结果。

《荀子·劝学》更进一步阐释："君子居必择乡，游必就士，所以防邪辟而近中正也。"君子居住的处所要选择对的环境，交朋友也要选择有道德的人，保持中庸正直，远离邪道。换句话说，君子不能仅是"居贤德"，即平时修身养性就好，处所要做正确的选择，使自己的品性端正，一开门就有好的环境，往来都是志道相同的人，这样方能在社会上发挥移风易俗的本领。

历久弥新说名句

根据《宋史·张载传》记载，北宋理学家张载在年少的时候，喜欢谈论兵事，曾向当时主掌西北防务的范仲淹上书《边议九条》，大述自己的军务见解。范仲淹看完这篇陈述后，认为张载将来必成大器，反而劝导张载："儒者自有名教可乐，何事于兵。"意思是说，作为一个儒生可以从书中成大器，何必去研究军事。范仲淹还勉励张载阅读《中庸》，自此张载涉猎遍及儒学、佛学、老庄、易学等，奠定日后为学的深厚基础。

张载中了进士后，曾任云岩县令。他在县令任内，政令严明，认真负责，在政事上尤其强调"敦本善俗"。所谓"敦本"就是注重基本的农业发展，这是"养民"；"善俗"就是改善风俗，这是"教民"。此外，张载还推动每月一日，备好酒菜，邀请当地的老人前来聚会，除了了解民间疾苦，还透过这个活动，"使人知养老事长之义"，推动尊重长辈、奉养长者的道德风气。

张载一生清廉简朴、奉公守法，他重视礼教、强调道德教育，是《渐卦·象》所说"君子以居贤德善俗"的表率。

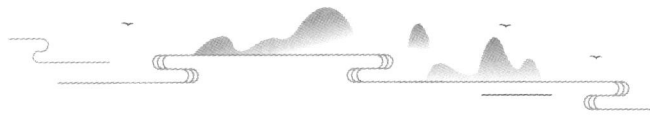

鸿渐于陆,其羽可用为仪

名句的诞生

上九,鸿渐于陆[1],其羽可用为仪[2],吉。

——渐卦·上九

完全读懂名句

1. 陆:朱熹认为当作"逵",即云路。另有一说是"阿",意为大陵、大土丘。2. 仪:用鸟羽编织的仪饰。

语译:渐卦的上爻表示,鸿雁越飞越高,高到山头,高到云路,它的羽毛丰满可以用来编织仪饰,象征着逐渐达到高洁脱俗的境界,这是吉祥之兆。

名句的故事

从《渐卦》每一爻辞衍生出后世常见的词语"鸿渐",即鸿雁由低处逐渐飞向高处。孔颖达在《周易正义》中阐释:"渐进之道自下升高,故取譬鸿飞自下而上也。"鸿渐具备步步高升、渐入佳境的意义,相当的吉祥。

根据《唐书·陆羽传》的记载,陆羽三岁时成了弃儿,后来由僧人智积禅师带回寺庙扶养。智积禅师以占卜为这个小孩取名,卜筮获得《渐卦·上九》之"鸿渐于陆,其羽可用为仪",智积禅师于是按照爻辞,将这个小孩姓氏选定为"陆",取名为"羽","鸿渐"则为其字。后人尊奉陆羽为"茶圣",他的书《茶经》是中国第一本完整的论茶之书,这一番成就间接论证老和尚卜得的卦象是个祥兆。

"鸿渐"这个名字在古代士、农、工、商的社会阶级中,反映出一种进取的人生观,长辈都希望孩子能读书出头天,谋得一官半职,光耀门楣,例如唐朝有位宰相就叫作杜鸿渐。明代散曲大家王磐,字鸿渐,则是取自《渐卦·六二》爻辞"鸿渐于磐",都有相同的意涵。在近代文学中,钱钟书作品《围城》中的主角便是名为方鸿渐。

历久弥新说名句

"树上开花"是《三十六计》的第二十九计,即:"借局布势,力小势大。鸿渐于陆,其羽可用为仪也。"意思是说,凭借已有的局面来布置自己的势力,看起来力量很小,实际上却很大,就像鸿雁越飞高、羽毛就越丰满一样。

《三国演义·第四十二回》中，刘备为了逃避曹军的追赶，紧急率着十数万百姓、三千余军马退守江陵，但是由于其中以老百姓居多，所以整只队伍行进的速度非常缓慢。这次的撤退对刘备是个考验，等到曹军追到时，在一阵混乱中，刘备的妻儿也被冲散了，但是为了黎民百姓，刘备还是狼狈逃离，并且下令张飞断后，阻拦曹军的追赶。

张飞只有二三十名骑兵，如何敌得过曹军的大队人马呢？只见张飞发现桥东一带有树林，心生一计，下令骑兵们进入树林中，砍下树枝后，将树枝绑在马尾上。接着，让骑兵在树林里面飞奔起来，使得尘土扬天。等到曹军赶近时，以为树林里面有埋伏，当下决定停止前进。张飞利用了树林布下疑阵，并善用自己的优点，将力量发挥到最大，成功阻断曹军的追击，让刘备一行人顺利撤退。

君子以永终知敝

名句的诞生

象曰：泽上有雷[1]，归妹[2]；君子以永终知敝[3]。

——归妹卦·象

完全读懂名句

1. 泽上有雷：此卦上震为雷，下兑为泽。2. 归妹：少女出嫁。归，女子出嫁；妹，少女。3. 敝：同"弊"，害处的意思。

语译：象传说：湖泊上有雷雨，雨水归入湖中，这个上震为雷、下兑为泽的归妹卦，象征着少女出嫁；君子应了解夫妇之道在于白头偕老、始终如一，要慎防这样的持久关系被破坏。

名句的故事

归妹卦谈的是男女结为夫妇的永久婚姻关系。《礼记·昏义》

阐述成就"男女之别"到"夫妇之义"的礼仪中，必须"敬慎、重正"；夫妇关系成立后，才有"父子"、"君臣"等人伦次序，所以又指出："昏礼者，礼之本也。"男女结为夫妻、共组家庭、繁衍生息，就是一切礼义秩序的根本。由此足见古人对于男女婚配永久性的重视。

《左传·庄公十四年》记载一则故事。蔡哀侯在莘地战役成为楚国俘虏，经过几番交涉后，楚文王同意放了蔡哀侯。蔡哀侯被释放时，想起是息国引起这场楚国伐蔡的战役，心生报复，便在楚文王面前大加称赞息侯的妻子息妫是天下第一美女。楚文王心生歹念，便假借巡游诸国之时，来到息国，乘机杀了息侯、灭了息国，并把息妫带回楚国。息妫来到楚国三年，为楚王生了两个儿子，却从没有主动说过话。楚文王便问她为什么。息妫回答说："吾一妇人，而事二夫，纵弗能死，其又奚言？"意思是说，我一个女人，伺候两个丈夫，即使不能死，又能说什么呢？这番话便体现了古人重视夫妇关系的一致性。

历久弥新说名句

西汉大儒董仲舒在《春秋决狱》中提到一个案例：一个妇人的丈夫在出海行船时，遇到风浪，跌入海中身亡。因为找不到尸体，所以妇人无法安葬她的丈夫，不久之后这位寡妇便改嫁了。当时有人说，这位妇人的丈夫死后未曾安葬，在律法上不允许再嫁，但董仲舒却提出另一番见解。

董仲舒指出，第一，"《春秋》之义，言夫人归于齐，言夫死无男，有更嫁之道也。"意即这位妇人因为没有子嗣，依据《春秋》上的道理，这位妇人可以改嫁；第二，妇人是听从母亲的安排改嫁，并非自己的意思，这是孝顺；第三，尊重长辈的意思改嫁，并非因为自己的淫欲之心，所以不是私自要做他人的妻子；第四，这样的案件被判为犯法，并没有先例。根据以上四点，董仲舒认为妇人改嫁无罪。

又《礼记·檀弓》记载："伯鱼死，其妻子嫁于卫国。"伯鱼是孔子的儿子，圣人的儿媳都可以改嫁，更何况其他人。换句话说，配偶一方的死亡，是一段夫妻关系的终止，并不算是被破坏，而生者还是有权利选择开始另一段夫妻关系。这观念在古时就已如此。

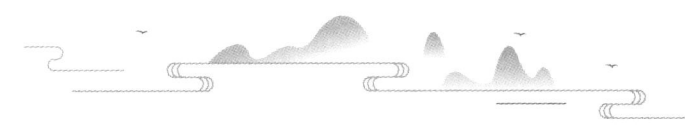

女承筐，无实；士刲羊，无血

名句的诞生

上六，女承筐[1]，无实[2]；士刲羊[3]，无血，无攸利。

——归妹卦·上六

完全读懂名句

1. 筐：用竹或柳条等所编成装东西的篮子。2. 无实：没有什么东西。3. 刲：宰杀。

语译：归妹的上爻象征着，献祭之时，新娘手捧装着祭品的竹篮，但篮中没有什么东西；新郎宰杀羊只，羊却没有流血，是只死羊。这表示婚嫁之礼难成，无所利益。

名句的故事

《左传·僖公十五年》记载，晋献公为了把伯姬嫁到秦国，先请晋国的大夫史苏占卜吉凶,没想到占得归妹卦,而上爻由阴变阳,出现的是象征对立的睽卦。史苏告诉晋献公说:"这件事情不吉利。占卜上的文辞说:'士刲羊,亦无衁也;女承筐,亦无贶也。西邻责言,不可偿也。'"羊只被宰却没有流血,分明就是一只死羊;女人拿着篮筐却没有装东西,分明就是个空筐。死羊与空筐根本无法用来祭祀,却端上祭祀的仪典,意味着这段政治婚姻是不吉利的,晋国反而会因此受到秦国诸多责难,甚至有晋国无法承受的后果。

晋献公虽然卜得这个卦象,却没有改变他要联姻的决定,还是将伯姬嫁给了秦穆公,实践"秦晋之好"的诺言。然而,晋献公死后,晋国内部不稳定,秦、晋两国因为政治利益的冲突,晋惠公居然成了秦穆公的俘虏,而秦穆公的夫人伯姬也得为自己娘家说话,造成日后更多的冲突。晋惠公只能感叹自己父亲若听从史苏的劝诫,晋国就不会有后来的下场了。

历久弥新说名句

《礼记·昏义》开宗明义便说:"昏礼者,将合二姓之好,上以事宗庙,而下以继后世也。"婚礼的意义在于结交两姓之间的和好,对上得以侍奉祠堂、祭祀祖先,对下得以生儿育女、延续后代。整个婚礼的每一阶段中,祭祀就是在秉告祖先,是很重要的一环,而祭祀仪式的用品、礼仪,皆不可缺,以祈求祖先庇佑夫妇成百年之好。

明朝学者来知德在其著作《周易集注》中阐明："凡夫妇祭祀,承筐采苹者,女之事也;刲羊而实鼎俎者,男之事也。今上六与六三皆阴爻,不成夫妇,则不能供祭祀矣,而人伦以废,后嗣以绝,故其无攸利。"

换句话说,在成为夫妇的祭典中,女方新娘负责瓜果蔬类的祭品,男方就是负责宰羊、杀鸡的牲礼,这都是给祖先的见面礼。见面礼如果是"承筐无实"、"刲羊无血"的场景,这一对男女便无法完成祭祀之礼、进而结为夫妻。所谓"昏礼者,礼之本也"(《礼记·昏义》),一旦婚礼无法完成,则"父子有亲,君臣有义,夫妇有别,长幼有叙,朋友有信"等人伦次序,便会偏废,亦无后承子孙的出现了。

丰其屋，蔀其家，窥其户，阒其无人

名句的诞生

上六，丰¹其屋，蔀²其家，窥其户，阒³其无人，三岁不觌⁴，凶。

——丰卦·上六

完全读懂名句

1. 丰：高大。2. 蔀：用布帘或席子覆盖着。3. 阒：安静无声。4. 觌：拜访、探视、见面的意思。

语译：丰卦的上爻说，高大华美的房屋，却用卷帘或席子将门窗遮掩，从门缝偷看屋内，也不见人影，三年之久还看不到有人往来，定有凶险。

名句的故事

春秋战国时代，晋、楚两国向来是水火不容。根据《左传·

宣公六年》记载，春天时，晋国与卫国决定要入侵陈国，因为陈国特别亲近楚国；冬天时，楚国人要攻打郑国，所以郑国的盟友晋国决定出兵相助，楚国在压力之下，最后是以讲和结束这场战争。

面对这种争夺不已的国际局势，依附在大国之下的郑国高官，却不思图振作，只顾着自身利益。当时郑国公子曼满告诉王子伯廖，他想要晋升为卿。伯廖告诉别人说："一个没有德行却贪婪的人，他的处境应该有如《易》的《丰卦》变成《离卦》这样的卦象，不超过三年，便会遭致杀害。"结果，只不过隔了一年，郑国人便杀死了公子曼满。

丰卦变成离卦，指的就是《丰卦》的第六爻。意思是说，曼满即使有机会升官，并且"丰其屋"地住在华丽的房子里面，却会因为他的贪婪而失去人心，最后落得不幸的下场。

后世衍生出"丰屋蔀家"一语，可比喻一个人选择深自隐藏，不愿出来做官；或指一个人位居高官要职，显赫富足。

历久弥新说名句

根据《魏书·阳尼列传》记载，北魏宣武帝时期，官侍御史的阳固是一个"刚直雅正，不畏强御，居官清洁"的人。当时的中尉王显建造了一座华丽宽大的宅邸，还邀集朝中百官到他家，大开新居落成的宴席。在宣武帝面前非常得宠的王显，酒酣耳热之际，便问阳固说："你觉得我这个新房子盖得如何？"廉洁的阳固并不欣赏王显的行为,因此回答说:"晏婴湫隘,流称于今;丰屋生灾,著于周易。此盖同传舍耳,唯有德能卒。"

阳固的意思是,春秋时代的齐国宰相晏婴,他居住的地方低湿且狭小,但是他的廉洁美德却流传至今;华丽宽阔的住宅容易引起祸害,这个道理在《易》中说得很明白,如今王显的房子盖得就像宫殿一样,这种房子只有道德高尚的人才能久住呀!

王显当时是以高超的医术而获得宣武帝的恩宠,但是他出任官职之后,却开始倚仗权势、作威作福,让人非常痛恨。果不其然,在宣武帝死后不久,王显就被削去官爵,在流放外地的过程中,遭遇迫害而死。

豚鱼吉,信及豚鱼也

名句的诞生

彖曰:中孚[1],柔在内而刚得中,说[2]而巽[3],孚乃化邦[4]也。豚鱼吉,信及豚鱼也;利涉大川,乘木舟虚[5]也;中孚以利贞,乃应乎天也。

——中孚卦·彖

完全读懂名句

1. 中孚:卦名,下卦为兑,上卦为巽。词义是心中诚信,或使人信服。2. 说:通"悦",喜悦的意思。3. 巽:顺的意思。4. 化邦:教化邦国。5. 乘木舟虚:乘船。

语译:彖传说:中孚这个卦象结构是阴柔之爻居于内,柔顺、和悦且谦逊,阳刚之爻居于中,诚信而能教化百姓。卦辞说,诚信广施且及于小猪小鱼,可以获得吉祥,是指诚信已施于猪鱼;渡河涉越险阻必将有利,表示乘船渡河将可畅行;心中诚信且守持贞正将会有利,是因为能够应合天道。

名句的故事

西汉刘向在《新序·杂事四》中叙述,钟子期在晚上听到有人击磬,声音很是凄凉,便问对方为什么击磬至如此悲伤的程度?这个人告诉钟子期,他的父亲因为杀人所以被处死了;母亲虽然还活着,但她是官家的奴仆,母子已有三年没见面,昨天恰巧在市集上遇到,很想为母亲赎身,却没有钱,而自己也只是为官家击磬的奴仆,所以感到悲伤呀。

钟子期听了之后感叹道:"悲在心也,非在手也,非木非石也,悲于心而木石应之,以至诚故也。"这个击磬的悲伤是出自内心,不是手,不是木头,也不是石头,它发自内心而以击磬的木棒来附和,所以能产生真诚、令人感动的声音呀。刘向认为,"人君苟能至诚动于内,万民必应而感移,尧舜之诚,感于万国,动于天地,故荒外从风,凤麟翔舞,下及微物,咸得其所。易曰:'中孚处鱼吉。'此之谓也。"国君如果可以从内心发出真诚,百姓必然会有所感而受教化,尧、舜就是最好的例子,《中孚卦》的"豚鱼吉"便是在阐述此道理。

后世衍生"信及豚鱼"一语,表示信用及于猪、鱼等动物,比喻一个人的信用非常好。

历久弥新说名句

《战国策·魏策》中记载,战国时代的魏文侯和管理山林田猎的小官约好要一起去打猎。约会的当天,魏文侯先是跟百官一起吃饭、喝酒,后来不巧天下起雨来。魏文侯看着下雨的天空,还是决定要去赴约,身旁的人都劝他:"今天喝得正高兴,外面又开始下雨,难道您还要出去打猎吗?"魏文侯回答:"我和负责山林田猎的人约好了,虽然大家饮酒作乐很高兴,但是我怎么能不去会一会他呢?"说完之后,魏文侯便亲自去向这个小官打招呼,当面取消打猎的约定。书上最后写道:"魏于是乎始强。"

魏国是战国七雄之一;周威烈王时,魏、韩、赵并列诸侯。从第一位君王魏文侯起,魏国延续近一百八十年的国祚。魏文侯如此看重与一个小官的约定,足见他是讲信用的人,能让人民信赖他的领导,并使得魏国强大。

"豚鱼吉,信及豚鱼也",表达一种面对万事万物的基本态度——诚意,即使最微隐的对象,都能存有善意与诚心,如此不论是与人相处或统治国家,必能获得众人的信赖与追随。

鸣鹤在阴，其子和之，
我有好爵，吾与尔靡之

名句的诞生

九二，鸣鹤在阴[1]，其子和之。我有好爵[2]，吾与尔靡[3]之。象曰：其子和之，中心[4]愿也。

——中孚卦·九二

完全读懂名句

1. 鸣鹤在阴：鹤鸣叫于山的背阴处。2. 好爵：高等的爵位，也可指香醇美酒。3. 靡：共同，一起。4. 中心：内心。

语译：中孚卦的第二爻，以阳居中实之位，其象征鹤在山的背阴处发出叫声，虽然它的形体并非显而易见，但是其同类听到叫声后也能循声相应和。若以人来比喻，就好像君王与臣子之间心意相通，互信互赖，成为一个绝妙的组合搭档。君王以好的爵位赐予臣子共同治理天下，君王以美酒佳肴与臣共享，诚心相

待,一起成就大业。

象传说:其同类彼此相应和,因为那是发自内心的愿望。

名句的故事

历史上有不少君臣心意相投的佳例。《后汉书·耿弇传》记载,东汉时读书人耿弇因看见官操兵马,非常整肃威武,而很喜欢军事。后来他听说光武帝刘秀在北方征募军队,就前去投效,并建下辉煌的战功。

有一次,刘秀派他攻打据守琅邪郡且武力强大的张步。张步得到耿弇领兵来攻的消息,布署好兵力,准备迎战。没想到不久后,几个城镇居然都被耿弇攻破了。张步眼看部下连吃败仗,亲自带兵来战耿弇。

耿弇和张步相遇的第一战,耿弇就遭流箭射中,他用刀砍断箭,继续奋战。刘秀听说战况紧张,便出马援助。耿弇的部下认为,张步兵力强大,何不暂时偃旗息鼓,等待援兵抵达,再联手出击。耿弇不以为然地说:"身为臣子应当击牛酾酒以隆重接待主上的到来,岂有将贼虏留给主上去歼灭的道理?"于是又出兵,终于大败张步。

光武帝抵达后,慰劳了军队,并赞许耿弇:"昔韩信破历下以开基,今将军攻祝阿以发迹,此皆齐之西界,功足相方。……将军前在南阳建此大策,常以为落落难合,有志者事竟成也!"意思是,以前韩信奠定汉代帝业的基础,如今耿弇也平了天下事，功劳可相媲美。之前耿弇曾提出取得天下的计策，光武帝还认为他口气太大，不相信会成功，如今事实证明有志者事竟成啊！

历久弥新说名句

欧洲历史上，伊曼纽二世和加富尔也是君臣相辅的典范。

在1848年欧洲的革命浪潮中，萨丁尼西亚王国国王伊曼纽二世颁布宪法，建立国会，推动意大利的统一运动。在对奥战争失败后，奥国企图强迫萨丁尼西亚取消宪法，但伊曼纽二世拒绝奥国的要求，并坚决表示若要强迫取消宪法，他只有作殊死战。于是萨丁尼西亚王国跃升为领导统一的中心。

接着，伊曼纽二世任用贤能的加富尔为首相兼外交部长。这位眼光锐利、深谋远虑的政治家，全力投入经济与军事建设，让国家日趋富强。此外，他施展外交手腕，争取英、法的援助，并揭露奥国的种种暴政，引发各国同情。

萨丁尼亚在逐步控制意大利大部分国土后，成立意大利王国。1870年，趁普法战争收回被法国控制的罗马，定为首都，完成统一。

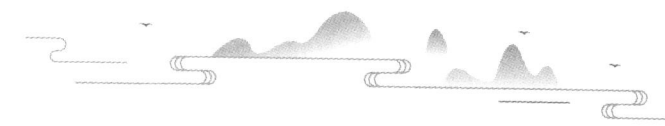

君子以行过乎恭，丧过乎哀，用过乎俭

名句的诞生

象曰：山上有雷[1]，小过。君子以行过乎[2]恭，丧过乎哀，用过乎俭。

——小过卦·象

完全读懂名句

1. 有雷：有闪电雷鸣的情形发生。2. 过乎：略过，稍为超过。

语译：象传说：山上有雷鸣巨响之声，震撼己心，这就是小过的卦象。小过就是曾犯一些过错，已被指责或不受信任。此时不应想着有番大作为或尽情奢华享受等事，而应收敛自己的态度，放低自己的身段，细心做好身边每一件小事。行为应该更为恭敬谨慎，服丧应该更加哀矜肃穆，日常花费应该能省则省，节俭自制。

名句的故事

唐代娄师德是武则天时的宰相。他的弟弟被派往代州做刺史,出发前他与弟弟谈起:"你和我受到国家太多恩宠,很容易招人妒忌。不知有什么方法可以避免这种情况?"他弟弟便说:"若有人把口水吐到我脸上,我把它擦干便是。"娄师德却认为不行,而说:"人家往你脸上吐口水,就表示对你很生气,你还把唾沫擦去,只会让人更恨你。所以不要擦,就让它自己干,不仅如此还要摆出笑脸才可以!"由此可见娄师德宽阔的胸襟与容忍的功力。

南宋孝宗崇尚节俭,生活花费很少,经常穿旧衣,也极少大兴土木。宋孝宗曾说:"我没有什么太大的作为,只是能够节俭而已。"他告诫士大夫们:"士大夫是风俗的表率,要修养自身德行,以教化风俗。"宋孝宗十分尊佛崇道,在他的励精图治下,积弱不振的南宋出现了"乾淳之治"的小康局面。

节俭首要在于控制自身欲望,屏除贪念,如此才能持守节操,培养德行,因此自古以来君子均推崇"俭以养德"。春秋鲁国大夫御孙说:"俭,德之共也;侈,恶之大也。"(《左传·庄公二十四年》)孔子也说过:"奢则不孙,俭则固。与其不孙也,宁固。"(《论语·八佾》)能够克制欲望而节俭的人,修养德行则不难。

历久弥新说名句

　　爱因斯坦一直到三岁都还不太会说话。进入学校后,因为表达不流畅,功课成绩也不佳,常常遭到同学的欺侮和嘲笑,认为他是一个木头人。他曾经因为背书背不出来,被老师处罚,回到家后心情非常低沉沮丧。他的叔叔为了鼓励他,便指导他数学。在叔叔的尽心教导下,他很小就学会了很多深奥的数学,不过对于其他的科目还是没什么兴趣。

　　当时德国社会受到铁血宰相俾斯麦的影响,普遍崇尚军人,小孩子常把军人视为崇拜的对象。爱因斯坦和其他小朋友不同,他只要一看到军队,就会躲到母亲背后,甚至还曾因军人经过而吓得大哭起来。他的同学因此嘲笑他是胆小鬼。

　　其实,爱因斯坦并非胆小,而是他天性厌恶争战,在他一生之中都倡导和平与人道主义。而他提出"相对论"让他名传千古,也证明不是非得要雄纠纠、气昂昂才算是男人。不被大家看好、放下身段而作风低调的人,一样也能创造出属于自己伟大的荣耀。

东邻杀牛，不如西邻之禴祭

名句的诞生

九五，东邻杀牛，不如西邻之禴祭[1]，实受其福。

——既济卦·九五

完全读懂名句

1. 禴祭：薄祭。禴，古代宗庙祭祀的名称。

语译：既济卦的第五爻表示，东边的国家杀牛宰羊，举行丰盛的祭礼，比不上西边的国家举行简单而朴素的祭祀，更能真正获得神明赐予的福分。

名句的故事

同样都是进行祭祀，为什么"东邻"却比不上"西邻"呢？有一种说法是，这个"东邻"指的就是殷商纣王，"西邻"便是

西伯侯姬昌。

殷商在纣王即位之初,受比干、微子启、箕子等股肱之臣的辅佐,状况还不是很坏,但是妲己出现之后,纣王开始荒淫无度,刑罚滥用,朝政加速腐败,加上大规模对邻近的部族用兵,耗费大量的人力、物力,百姓的负担日益沉重。杀牛祭祀,原本是件可喜的事情,但发生在纣王身上却显现出他的挥霍无度,纵使祭品丰富无比,还是无法获得神明的赐福。

《尚书·君陈》说:"至治馨香,感于神明;黍稷非馨,明德惟馨。"意思便是,昌盛治世的芳香能感动神明,高粱小麦的香气并不会散播久远,只有完美的盛德才会流芳百世。孔颖达在《周易正义》有言:"祭祀之盛,莫盛修德。"因此,文王姬昌略备供品,以德行祭天,这样的"诚意",反而能获得神明的赐福。

历久弥新说名句

《新唐书》中记载,唐太宗时第一次封禅时机在贞观五年,唐太宗起先拒绝,隔年大臣们又建议封禅,唐太宗这时有点动摇了,不料魏征却公然反对。唐太宗便向魏征挑战几个问题:我的功劳不够吗?我的德行不够吗?天下不安定吗?四夷未能臣服吗?还是没有祥瑞之兆?还是没有年年丰收?魏征对这些问题都一一给予正面的肯定,但他以封禅会劳民伤财为由,表示反对。没想到后来发生黄河水患,唐太宗只好作罢。

第二次封禅时机在贞观十一年。唐太宗这次就毫不推辞了,孰料同年七月就因为大豪雨，引发洛水泛滥成灾，洛阳城居民死伤达六千人，无疑也浇了唐太宗一大盆冷水。第三次封禅时机是贞观十四年，唐太宗直接命人开始准备封禅相关事宜，却没想到次年发生天文异象，诸大臣们要求停止封禅，唐太宗也只能答应。第四次则是贞观二十年，又有大臣请唐太宗封禅，唐太宗再度答应，谁知天不从人愿，次年又发生河北水灾，唐太宗只好"诏罢封禅"。

如同唐太宗自己所体悟："事天，扫地而祭，何必登泰山之巅？"（《资治通鉴·唐纪》）祭祀的重点就是一颗虔诚之心，并非要杀牛宰羊、"大张旗鼓"地向上天表述自己的功绩与德行。唐太宗凭着"贞观之治"，却数次未能如愿封禅，恐怕是老天爷不想让他多此一举吧。

君子以慎辨物居方

名句的诞生

象曰：火在水上，未济[1]。君子以慎辨物[2]居方[3]。

——未济卦·象

完全读懂名句

1. 未济：尚未渡河，也指事情尚未成功。济，渡河，指成功之意。2. 辨物：辨明事物。3. 居方：决定事物应该安放在什么位置。

语译：象传说：火在水的上方，象征事情还未完成。君子从这个卦象领悟到：做事前应该谨慎地辨明事物，决定它该安放在什么位置。

名句的故事

《易》的哲理极为重视事物之间的交互感应作用，如《泰卦》

的卦象是上坤下乾。坤象征地，乾象征天。地气重浊，所以下沉；天气轻清，所以上升。地在上，天在下，虽与现实所见完全相反，却代表两者之间有相互感应的作用，所以是吉卦。相反的，若是天在上，地在下，则两者互不交通，所以上乾下坤的《否卦》是凶卦。

《既济卦》和《未济卦》的情形也是如此。火的特性是向上窜烧，水的特性是向下流动。在卦象上，若是水在上，火在下，就能相互交流。因此，坎（水）上离（火）下的《既济卦》象征事情的完成；坎（水）下离（火）上的《未济卦》象征事情尚未完成。

就《易》的哲理来看，事物的"位"很重要。什么样的事物该处于什么样的位置，决定了成败。换言之，要做好一件事，先要知道它的特性，也就是要"辨物"，还要决定它处于什么样的地位，也就是所谓的"居方"。

在古代，最重要的就是君臣之位。周武王领兵讨伐纣王之前，有"圣人"之称的伯夷、叔齐扣马进谏，认为周武王不能安处其"臣"位。其实，既然残暴的纣王没有当"君"的资格，周武王何必安于当他的"臣"呢？事物随着情势而改变时，它的位置也该有所调整，这就是《未济卦》给人的启示。

历久弥新说名句

《国语·晋语》中记载，有一次虢公梦见自己站在宗庙里，西边的角落站着一位神明。那位神明虽然有着人的脸,但却长着白毛。它用老虎一般的爪子拿着一把大斧头。看到这位奇形异状的神明,虢公感到十分害怕,于是转身逃走。这时,神明突然开口说话了:"不要跑!天帝已经下令,让晋国攻打你的国家。"虢公醒来后,召史嚚来占梦。史嚚说:"照主公的说法来看,那是蓐收,它是掌管刑罚的神明。看来虢国必有灾祸。"虢公听了以后,颇不以为然,不仅囚禁了史嚚,并且下令全国祝贺他做了个好梦。

虢国的贤人舟之侨说:"大国有道,小国会到大国表示臣服;小国傲慢,大国会到小国施行征伐。虢国是小国,上天既然已经示知吉凶,那么应该循小国的做法,谋求解决之道。现在反而违抗天命,命令众人要祝贺自己,看来虢国已经完了。"于是带着全家逃走。不久,晋国果然消灭了虢国。

历史上,像虢公这样不知衡量自己轻重的人比比皆是,如凭己意妄行古制的王莽,乃至仰赖义和团而向世界宣战的慈禧太后等。当他们自以为英明神武,大肆兴风作浪,与外界冲突不断时,同时也就埋下了失败的种子,结局当然是"未济"。